孩子，为自己的未来读书

王义霖 主编

北方妇女儿童出版社
·长春·

图书在版编目（CIP）数据

孩子，为自己的未来读书 / 王义霖主编. -- 长春 ：
北方妇女儿童出版社，2025. 3. -- ISBN 978-7-5585
-9272-0

Ⅰ. G782

中国国家版本馆 CIP 数据核字第 2025AR9398 号

孩子，为自己的未来读书

HAIZI，WEI ZIJI DE WEILAI DUSHU

出 版 人	师晓晖	
责任编辑	于德北	
开　　本	710mm×1000mm　1/16	
印　　张	7	
字　　数	80 千字	
版　　次	2025 年 3 月第 1 版	
印　　次	2025 年 3 月第 1 次印刷	
印　　刷	三河市南阳印刷有限公司	
出　　版	北方妇女儿童出版社	
发　　行	北方妇女儿童出版社	
地　　址	长春市福祉大路 5788 号	
电　　话	总编办：0431-81629600	

定　　价　　39.80 元

人生就像一场旅行，等着我们去探索。为了这场旅行，父母总在我们耳边叮咛：要好好读书，要考个好大学，要找个好工作……每当我们起早贪黑地学习时，是否会有这样的疑惑：我在为谁读书？这个问题的答案只有一个——为了自己。

读书学习，可以让我们看到更大、更繁华的世界，是实现我们理想人生蓝图的基石。只有不断地学习，我们才能汲取新知识、获得新技能，才能跟得上时代的潮流，才能使自己在未来社会中有一席之地。

我们在学习中，总会被高强度的学习压力影响，使自己迷失在学习中。在这种情况下，我们应该及时调整心态，清楚地知道自己应该怎么做，才能真正地从学习的压力中解脱出来，才能不断地完善自己的学习方法，勇敢地应对未来的困境和挫折。

为让大家明白读书学习的重要性，知晓读书学习在实现人生价值、塑造健全人格和培养高尚品格的过程中有怎

样的作用，以及学会如何真正为自己的未来读书，编者编写了这本《孩子，为自己的未来读书》。本书针对小读者在读书学习方面存在的问题进行了详细、科学的阐述，通过一个个简短而深刻的事例，从读书学习的兴趣、态度、方法等方面引导小读者好好读书学习，让自己变得出色。

本书旨在帮助每一位小读者找到适合自己的学习方法，认识到学习的重要性，清楚地意识到没有现在坚持不懈地读书学习，就不会有光辉灿烂的未来。只有通过自己的努力去创造一个美好的未来，才能感受到自己人生的价值，才会感谢曾经努力的自己！

目录
Contents

第五章　提高专注力让学习事半功倍

第六章　业精于勤，学习要努力拼搏

第七章　直面挫折，学习需要坚持不懈

第 一 章

为谁读书，
为什么读书

你是否困惑：为谁读书

　　我们读书到底是为了谁？这对很多人来说是一个非常伤脑筋的问题，因为我们没有足够的知识和能力来回答这个问题。但是，这个问题却需要我们认真思考。只有把这个问题想清楚、弄明白，我们才能全神贯注地去读书，进而在读书的道路上坚持下去。

　　我们身边总会有人说："我不喜欢读书，但是我爸妈非要我读书。""老师非逼着我读书，如果不好好读书，老师就告诉我爸妈，回到家以后爸妈就会骂我。"我们这个年纪都会有这样的想法。因为从小到大，我们就没有选择的权利，不管是学习还是生活都要听从父母的安排，所以我们才会误以为是在为父母读书。

　　一些同学认为老师每天站在讲台上传授知识非常辛苦，渐渐地明白了学习的重要性。当他们具有强烈的集体荣誉感时，就会形成为老师读书的思想，希望用好成绩来回报老师。但是，我们有没有想过这样一个问题：父母和老师对我们的期待是什么？基本上所有的父母和老师都希望我们好好读书，将来成为一个对国家和社会有用的人，没有父母和老师会对我们说："你是为了我才读书的。"所以，我们要认识到读书的目的：我们不是为了父母和老师而读书，而是为了自己

而读书。

林杨是一名初三的学生，马上就要中考了，他的心情非常烦躁，感觉学习很辛苦，根本没有心情复习功课，对马上到来的中考更是担惊受怕，对未来感到十分迷茫。他认为自己不能再这样下去了，所以主动找班主任诉说心中的烦恼。林杨对班主任说出自己内心的想法后，班主任拍拍他的肩膀说："你能这么想说明你想沉下心来学习，但是你现在最大的问题是看不到自己的问题所在。你之所以抱怨学习辛苦、对未来感到迷茫，是因为你读的书太少而想得太多。"

听了班主任的话，林杨眼神坚定地看着班主任说："老师，我知道了，从今天开始我会努力增长自己的学识和见地，沉下心来好好学习，争取在中考中考个好成绩。"班主任欣慰地点了点头，表示相信林杨能认真读书、好好学习。

我们在为自己读书，这是我们必须牢记于心的。也许在很长的一

你能这么想说明你想沉下心来学习，但你读的书太少了！

老师，我最近没心情复习功课，而且对未来一片迷茫，不知道怎么办才好！

段时间内，我们会觉得读书是一件漫长而痛苦的事情，甚至会对读书产生厌烦的情绪。但是我们也要明白这样的道理：如果我们现在不努力读书学习，那么将来步入社会、走上工作岗位后就会觉得自己懂得的太少了，根本无法满足工作需要，也常常会后悔自己读书时为什么没有积累更多的知识。等到那时才发现读书学习的重要性，可能就有点儿晚了，因为那时的自己在为生活奔波，不可能像在学校那样将全部精力投入学习中。

读书能够让我们的心沉静下来，真正地从书中学到知识，并运用这些知识帮助我们成长，然后奋力向前，最后成为更好的自己。

读书能使人明智、明礼，能带我们去看与现实完全不同的世界，除此之外，还能让我们明白更多的道理。书中含有各类与生活有关的知识，是值得我们用一生的时间去学习的。在学习书中的知识时，我们也会在书的世界中遇见更好的自己。

读书启发

我们读书，不是为了听父母的话，不是为了回报老师，更不是为了回报班集体，而是为了我们自己。在读书时，我们吸取知识、明白许多道理，让自己变得越来越好，以后走上社会也会更游刃有余。

读书是为了自己

父母、老师肯定对我们说过这样的话："读书是为了自己。"虽然父母和老师说的是对的，但事实好像并不是这样，成绩和我们的真实感受并不完全相关，成绩好的同学可能并不快乐，而成绩不好的同学有时候却能开心过好每一天，并交到很多好朋友，在同学中非常受欢迎。

在学生阶段，我们学习似乎就是为了考高分，不辜负父母和老师的期望，这样可以让父母开心，可以让父母在亲朋好友面前炫耀；当我们的成绩不理想时，最担心的就是无法向父母和老师交代。这就会让我们产生这样的想法：学习是为了让父母和老师开心，但没有为自己带来任何好处。

当静下心时，我们就会这样想：父母和老师肯定是爱我们的，应该不会让我们浪费时间做一件毫无意义的事情。父母和老师已经走过了几十年的人生，也经历过我们经历过的事情，如厌恶学习或因知识储备不足而导致考试失利。除此之外，也体验过因考试成绩好而感到喜悦。正是因为经历过，所以他们才会总结出这样的道理：虽然学习很累也很枯燥，但是它却能带来好的结果。正是因为父母、老师爱我们，所以他们才会将自己的人生经验分享给我们。

父母也不愿我们痛苦地做数学题，也不舍得让我们在本该休息的时间去背诵古文，但是他们明白：如果我们不努力、不经历痛苦，就不会成长，日后在社会上就会步履维艰，将来也不会有所成就，所以他们宁愿现在让我们吃苦。实际上，我们在努力的过程中也会获得快乐，当我们用心学习时，会发现学习里别有洞天，书本里的神奇和奥妙是我们难以想象的。

所以，我们必须明白：不管是为了祖国而学习，还是为了父母和老师而学习，学习的直接受益者都是我们自己。

有一个小女孩儿名叫琴琴，她的父亲是一名芭蕾舞老师，她从小就跟着父亲学习芭蕾舞，在练习芭蕾舞时，琴琴总能感到自由与快乐。但琴琴的文化课却不是那么令老师和父母满意。刚上初中时，数学老师让琴琴到黑板前做一道数学题，数学老师知道琴琴的数学成绩比较差，所以特意出了一道简单的数学题，但是琴琴想了半天也没有写出来，最后老师让琴琴回到座位。

课后，数学老师把琴琴叫到办公室，问："琴琴，你的梦想是什么？"

琴琴一脸骄傲地说："我想成为一名顶尖的芭蕾舞者。"

老师看着琴琴，又说："舞蹈功底强是一方面，但是文化课也要很优秀，这样你才能考上顶尖的舞蹈学校，你的舞

蹈水平才能不断提高。"

琴琴挠着脑袋说："原来是这样啊。"

老师继续说："所以，你要好好学习文化课，将来考舞蹈学校的时候，才不会为难。"

琴琴对老师说："老师，为了我的理想，我会好好学习，不让自己后悔。"

后来，琴琴真的实现了自己的梦想，成了出色的芭蕾舞

者，她非常感谢数学老师对她说的那番话。琴琴正是因为懂得了学习是为了自己这个道理，才会努力读书学习，最后实现了自己的梦想。

我们在学习时保持良好心态的三个要素为：有梦想和目标、做自

己引以为豪的事情、父母和老师的信任和尊重。这三个要素中，有梦想和目标是核心要素。梦想和目标是点亮我们内心的一盏灯，是我们刻苦学习的动力。用心读书，就是对我们的未来负责。著名哲学家萨特说过："一个人从他被投进这个世界的那一刻起，就要对自己的一切行为负责。"这句话对所有人来说都是适用的。列夫·托尔斯泰说过："一个人若是没有热情，他将一事无成，而热情的基点正是责任心。"社会学家认为：一个人具有责任心，是他做自己的开始，与此同时，当他开始立志时，影响力逐渐扩大，义务感也逐渐增强，那么他最后就会有所成就。对我们来说，现在用心读书，就是对我们的未来负责。对自己负责是所有人安身立命的基础，我们应该为自己的责任感和义务感而自豪，并学会对自己负责，争取将来有所成就。

读书启发

我们正处于学习阶段，主要任务就是好好学习。无论将来想从事什么行业，都不可以不学或者少学。其实，不管我们身在何时、何地，没有知识都是不行的。所以我们应该本着对自己负责的态度，从现在开始好好学习，对自己负责。

读书是前进的 "成长阶梯"

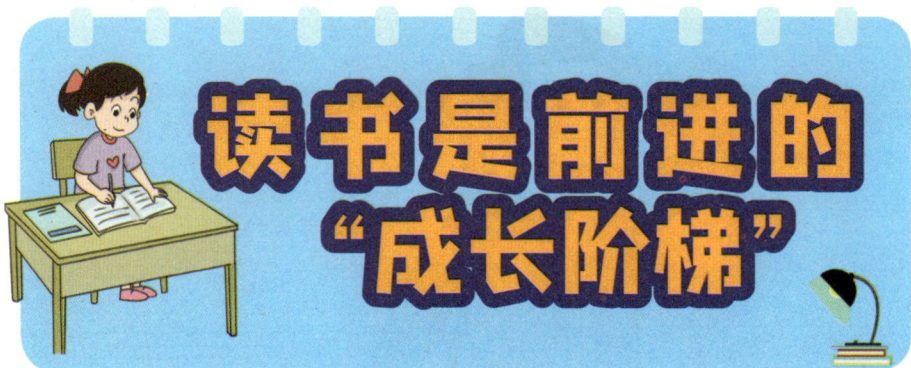

有句话说得好："站得高，看得远。"一个人拥有怎样的人生，是由他的精神高度决定的。人生路上，如果我们想获得大格局，就一定要多读书，补充自己的知识，拓宽自己的视野，明确人生的方向。很多孩子由于年龄小、缺乏经验，在人生的道路上会有迷惘甚至犯错的时候；除此之外，在思考问题时还会陷入僵局，影响判断。科学巨人牛顿说过这样一句话："如果说我比别人看得更远一点儿，那是因为站在了巨人肩上的缘故。"从这句话中，我们可以明白，只有站在巨人的肩膀上眺望人生，才能更加深入地理解人生，才能知道如何走自己的人生之路。

那么问题来了，我们怎样做才能站在巨人的肩膀上呢？对我们来说，要想站在巨人的肩膀上，就要努力学习，好好读书。每个人来到世上的时候，知识方面的起点都是一样的，从来没有一蹴而就的成功。先天条件并不能决定人生的成功与失败，后天的努力才是决定一切的根本。只有脚踏实地，真正努力，我们才会遇见各种好机遇，加快成功的步伐。在这个过程中，我们可以通过读书与伟大人物进行思想交

> 先天条件并不能决定人生的成功与失败，后天的努力才是决定一切的根本。

流，让自己对人生的理解更加通透，更加明智。如果一个人对人生的理解总是停留在表面上，对人生的真谛缺乏了解，不知道前进的方向，更不知道怎样才能获得成功，那么在未来，他会遇到各种困境，稍有不慎就会迷失方向，最后导致自己的人生一片狼藉。

我们要想增长见识、拓宽视野，不仅要好好学习学校安排的各科知识，还要在课外多读书，这样才能启发自己的心智，增强心理承受能力；才能在人生道路上有所成长，有所感悟；才能选择正确的人生方向。如果总是浑浑噩噩地生活，那么我们可能不仅没有进步，还会有一个糟糕的未来。

拓宽视野、增长见识的方法有很多，比如，我们可以读名人传记，在了解名人如何做决策的过程中，提升我们的气度和胸怀；我们也可以读历史，读历史能培养我们的大局观念，让我们以开阔的心态，坦然地看待人生的起起落落。总而言之，书籍能帮助我们以强大的内心面对人生，是人类精神的食粮。在学校，我们要认真、努力地学习课

本里的知识；业余时间，我们则要多读书，让自己在书的海洋中遨游。

我们要确立自己的人生目标。我们都知道"南辕北辙"的故事，它告诉我们一旦开始的方向错了，那么之后走的每一步都是错的，不仅会使我们陷入被动，还会使事情的结果与我们希望的完全相反。所以，我们一定要先确立人生目标，然后循序渐进地朝着人生的目标前进。如果我们在人生道路上总是浑浑噩噩、不知所措，那么就算再努力，也不会有所成就。我们正处在学习的好时期，如果不能好好学习，意识不到现在的学习是为以后的成长和发展奠定基础，那么将来我们就会懊恼无比，再后悔也没有用了。时间永远都不会倒流，为了不让自己在未来后悔，从现在开始，我们就应该好好学习，多读书，掌握人生的方向，砥砺前行。

读书启发

"书到用时方恨少"是我国古代勉励世人读书的话，意思是只有平时多读书，用到知识的时候才不会后悔自己学的知识太少。只有那些厌恶读书的人，才会用"读书无用"来麻痹自己，进而在错误的道路上越走越远。如果我们想获得成功，有所成就，那就好好读书吧！

读书是实现理想的捷径

俄国文学家列夫·托尔斯泰说过这样一句话："理想是指路明灯。没有理想，就没有坚定的方向；没有方向，就没有生活。"这句话告诉我们：如果我们有勇往直前的决心，那么我们就拥有了希望和理想，拥有了奔赴美好人生的动力。只要有了动力，我们就会排除万难，努力奋斗，无所畏惧地向成功迈进。

杨青从小就喜欢学习数学，他的梦想是成为一名数学老师，可以一直钻研数学。在这个愿望的驱使下，杨青不断地努力学习，经过发奋学习，他在初中组的奥数竞赛上取得了第一名的好成绩。但他并没有为此沾沾自喜，而是一如既往地学习数学，高考那年他以全省第一的成绩考上了一所高校的数学专业。大学期间，他获得了多项数学竞赛的冠军，后来成了一名大学数学老师。

理想有一种奇特的魅力，它饱含着人们对未来的追求，承载着人们的勇气和自信，是走向成功之路、克服一切困难的前提。成功人士

理想在前，我无所畏惧。

嗯，我也不能掉队呀！

的眼中只有成功后的奖励和理想实现后的满足感，所以他们不会畏惧任何困难。

林洪出生在一个小城市，从小喜欢打篮球，梦想有一天能去篮球馆打篮球，成为一名优秀的篮球教练。朋友们对他说，只有很好的体育大学里才会有大的篮球场，拥有高学历才有成为篮球教练的可能性，而以他的成绩是考不上很好的大学的；再加上他并不是体育生，所以考上优秀体育大学的机会更加渺茫。因为朋友的话，林洪差一点儿就放弃了自己的梦想，但是成为一名篮球教练的梦想在他的心里一直挥之不去。读高中时，林洪成了校篮球队的一员，但在后来的一些大赛上，林洪一直是替补队员。在一次大赛上，林洪请求教练让他代表球队参加比赛，由于林洪不断地请求，教练同意派林洪参加比赛。在最后一轮的比赛中，皇天不负苦心人，他以一个三分球帮助本队赢得了比赛。教练既惊喜，又激动，从此加强了对林洪的训练，林洪的篮球生涯自此开始走上坡路，并最终进入了一所全国顶尖的体育大学。

如果一个人连自己要做什么都不知道，那么他很难把一件事情做好；如果一个人没有理想，那么他的人生可能会一塌糊涂。我们要想自己的人生有所成就，就要树立远大的理想，发挥自己的才能，为了这个理想努力拼搏。

理想是自己树立的，也是需要自己为之奋斗的，不是父母强加给我们的。如果你还不知道自己的理想，不知道自己将来要做什么，那么现在你应该想一下了。如果为自己树立一个正确的理想，那么你就会有奋斗的目标，学习也就有了方向和动力，当遇到困难时，你就不会轻言放弃，而是想方设法地去克服困难。

读书启发

当一个人有了理想，那么他就会奔着这个理想前进，使自己走的每一步都在靠近这个理想。我们应给自己树立一个理想，让它成为我们前进的目标和灯塔，激发我们奋发向上的意志，激励我们努力拼搏，好好读书。

第二章

兴趣爱好
是学习的快乐源泉

好奇心是学习的驱动力

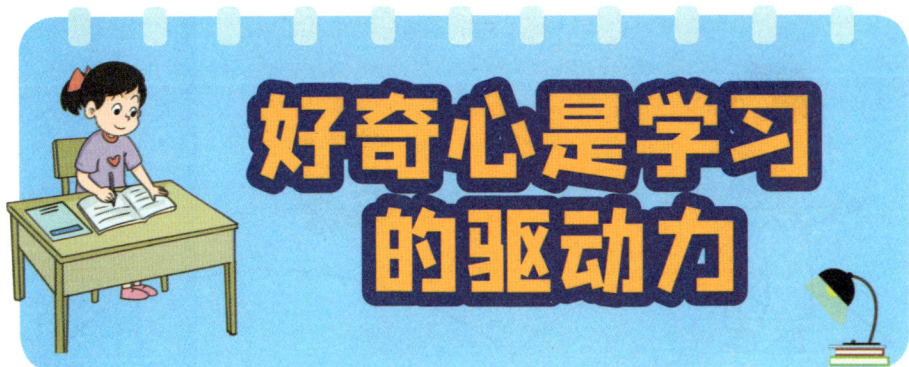

爱因斯坦说过："我们思想的发展在某种意义上常常来源于好奇心。"在他眼里，好奇心是一个人特别珍贵的特质，这种特质对于一个人的习惯养成、性格塑造，甚至成才、成功都起着至关重要的作用。

我们的好奇心往往表现在生活的方方面面。在我们还不会说话的时候，就已经会用眼神和手势来表达对世界的好奇。比如，我们会朝着一个声音的来源看个不停，或者随着颜色鲜艳的玩具的摇动而转头，有的时候也会用手指着某一个地方咿咿呀呀。等长大一点儿会说话的

> 好奇心是成长的钥匙，它将引领我们走向更广阔的世界。

时候，我们会把对这个世界的好奇通通丢给爸爸妈妈，这个时候，我们就变成了"十万个为什么"，经常会问诸如"鸡蛋为什么是白的""太阳去哪里了""我是从哪里来的""为什么我们看不到风"这一类奇奇怪怪的问题，问得爸爸妈妈无言以对。

随着年龄的增长，我们的思想会发生巨大的变化，开始不断地提升和完善自己，并进入学校学习各种知识。我们原本是受众人爱护的孩子，但是到了学校以后就会被各种纪律约束，所以往往需要一点儿时间来适应学校里的生活，只有适应了学校的节奏，我们才能与学校的生活融为一体。所以，在这个阶段，父母会保护我们的好奇心，我们自己也应该对这个世界保持好奇，只有这样我们才能在好奇心的驱动下学习更多的知识，从而提升自己的能力。如果我们长期封闭在自己的世界中，那么我们就会变得非常自闭，甚至会出现病态心理。

与地球相比，人类的存在时间是非常短暂的，人类看着由自己建立起来的文明，总是感到满足和自豪。实际上，在探索地球的路程上，人类只是前进了一小步而已。我们要怀着对世界的好奇心，过好我们的人生。比如，如果我们至今还没有游历世界的机会，那么我们可以在书桌上摆放一个地球仪，在墙上挂一张世界地图，比照着地图在地球仪上找到每个国家的位置，长此以往，我们就会对世界有更多的了解了。

张静是一位优秀的考古工作者，受人尊敬。她从小就有强烈的好奇心，也正是在好奇心的驱动下，她才能在考古的道路上越走越远，获得今天的成就。张静8岁生日那天，她收到了父亲赠送的一个特殊礼物，这个礼物不是芭比娃娃，也不是玩偶熊，而是一个巴掌大的陶俑模型。张静看着这个陶俑，发现了一些问题：古代的人是长这个样子的吗？陶俑是怎么制作的呢？人们又是怎样发现陶俑的呢？……这些问题让张静好奇极了，为了找到答案，她问了好多人，自己还从网上查找答案，探求真相。正是这样一件小事情，在张静的心里埋下了好奇的种子，增强了她的探索欲望。从那以后，张静总是做一些让人不能理解的事情，其实这一切都有她自己的道理，正是张静的坚持不懈以及好奇心的指引，才让她离考古和历史真相越来越近，使她最终成为一位考古学家。

有人说过这样的一句话：心有多大，舞台就有多大。也有人说：思想有多远，人生就能走多远。就像人们说的那样，童年的好奇心决定了一个人长大后的成就。所以，我们对任何事情都要充满好奇，只有这样才能不断地努力奋进，勇往直前。

读书启发

从古到今，好奇心都是人们不断前进、勇往直前的强大动力。正是在好奇心的驱使下，哥伦布发现了新大陆，爱迪生发明了电灯，伽利略发明了温度计……所以，我们要保持好奇心，让它成为我们学习、成长和探索世界的强大动力。

兴趣是学习最好的老师

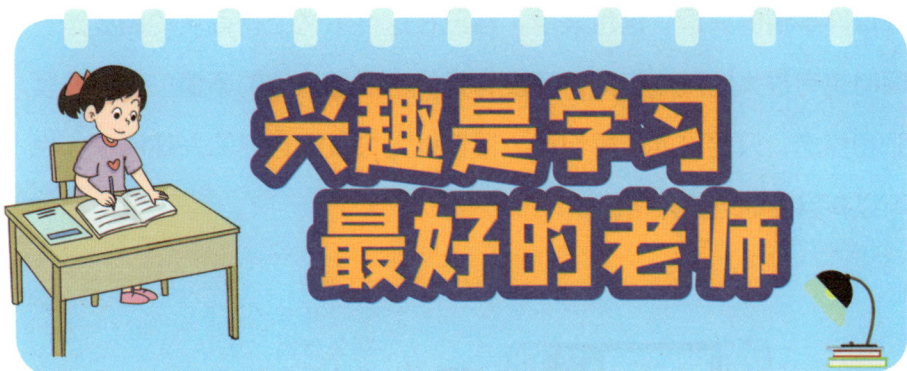

在这个世界上，每个人都是与众不同的，每个人都有自己喜欢做的事情和不喜欢做的事情，也都会对某一件事情表现出独特的意见和想法。当我们还是孩子的时候，总是做一些自己想做的事情，这时我们的内心就会非常欢喜。然而，随着年龄的增长、心智的成熟，我们开始变得理性和沉着，逐渐有了自控力，不再随心所欲地做事。对于那些我们必须做但不喜欢做的事情，我们也会要求自己努力把这件事情做好，但与做自己喜欢的事情相比，终归是少了一些热情，所以事情的结果也会有所不同。

有句话说得好，"兴趣是最好的老师"。如果我们对自己做的这件事情感兴趣，那么就会根据自己内心的想法去做，在兴趣的激励下，我们在做这件事情时，内心会感到快乐和满足，与此同时，我们的内心也非常有成就感和充实感。就算遇到困难和挫折，因为有兴趣，我们也不会轻易放弃，反而更加努力，更有动力。

兴趣的来源是不同的，有些人对某件事情的兴趣是天生的，这就是天赋的力量，有些人对某件事情的兴趣是后天培养起来的。如果我们原本对这件事情不感兴趣，那么只要后期努力去做，就会激发自己对这件事情的兴趣，这也表示，自己在这件事情上有很长的路要走，同时也有很大的发展空间。还没有找到自己感兴趣的事情，也不要紧张和焦虑，只要深入了解自己，慢慢地就会发现自己的兴趣所在，也可以有目的地培养兴趣。

学习枯燥吧？但要坚持哟！学习完了再去玩。

我要找到学习兴趣，给自己动力，从学习中感受到快乐！

张强的理想是成为地质学家，他对地球的年龄、地球的构造等知识，从小就有浓厚的兴趣。

张强7岁那年去农村奶奶家小住。农村和城里不一样，城市里到处都是水泥地和柏油路，而农村都是泥土，他每天都与泥土相伴。有一天，他躺在地上，摸到了地上的泥土，脑子里浮现出这样的想法：地球上为什么会有泥土呢？穿过泥土，地球深处是什么呢？这些问题让张强百思不得其解。

正是因为张强对这些知识有着浓厚的兴趣，他才有了学习的动力。上了初中以后，张强开始学习地理课程，他对地理的求知欲远远高过其他同学，他提出的问题有时连地理老

师都回答不上来。

在兴趣的驱使下，张强的地理成绩一直很好，后来他又以优异的成绩考上了一所优秀大学的地质专业。之后，张强经过多年努力，成了一名优秀的地质学家，在地质方面取得了丰硕的成果。

如果我们对自己所做的事情不感兴趣，那么我们就不会深入研究，更不会刻苦钻研、努力奋斗，而且当我们遇到困难或挫折，哪怕只是感到一点儿辛苦时，就会放弃。相反，如果我们对自己做的事情有着浓郁的兴趣，那么我们就会想方设法把这件事情做好，就算遇到困难也不会轻易放弃，努力奋斗，最终就会取得成功。

总而言之，兴趣是最好的老师。如果全力以赴去做自己感兴趣的事情，或者主动去激发自己对正在做的事情的兴趣，那么我们就会有把这件事情做好的动力和激情，最后就会做出成绩。

读书启发

兴趣影响着我们的学习自觉性和积极性。有了学习兴趣，我们才会在学习的道路上乐趣无穷、孜孜以求、决不懈怠，就算遇到困难也不轻言放弃。所以，我们要培养自己的学习兴趣，让兴趣成为老师，指引我们前进。

拥有学习兴趣，才能乐于读书

  兴趣不仅是最好的老师，也是学习的好帮手，它能帮助我们看到不一样的世界。其实，兴趣与读书没有直接联系，我们只有将兴趣和读书结合起来，才能培养自己读书的兴趣。读书兴趣的大小，决定了我们渴望获得知识、深入研究事物、参与活动的积极程度，同时也决定着我们读书时是快乐的还是痛苦的。

  在我们的学习过程中，兴趣非常重要。它不仅是我们学习的动力，还是让我们时刻保持清醒、集中注意力的主要因素，而且能让我们坚持不懈地学习。我们只有对这件事感兴趣，才会积极主动地研究它、做好它。孔子曾说："知之者不如好之者，好之者不如乐之者。"这句话就是孔子对于兴趣的理解，意思是懂学习的人，不如喜欢学习的人；喜欢学习的人，不如以学习为乐趣的人。

  兴趣不仅是我们学习的原动力，还是快乐的源泉。在兴趣的引导下，我们能够把吃苦当作快乐，不被烦琐的事情消磨斗志，并一心一意、全神贯注、坚持不懈地学习。如果我们对学习没有任何兴趣，那么学习就会变成一件乏味、无趣、枯燥的事，甚至给我们带来心理负担。

　　我们不应担心挑战、困难和风险，而应担心丧失做事的兴趣。对学习而言，兴趣是激发我们学习动力的最现实、最活跃、最有用的一个心理因素。

　　当然，不是所有人生来就对某一件事感兴趣，兴趣也需要慢慢培养。例如，如果我们想要把书中枯燥无味的知识转化为简单易懂的知识，就需要兴趣来推动。在兴趣的推动下，学习就会变成一件自觉、快乐的事情。

　　父母都希望自己的孩子能专心学习，将来有所成就，但现实生活中却不是这样。

　　小恒是一名初中生，他这个年纪正处于发育阶段，思想还不成熟，意识不到学习的重要性。他经常抱怨学习很枯燥，尤其是物理，一看物理书就犯困。

　　小恒的妈妈是一名科研工作者，为了激起小恒学习物理

你这是对学习不感兴趣，在兴趣的推动下，学习就会变成一件自觉、快乐的事情。

学习物理真是枯燥哇！

的兴趣，她专门将自己正在研究的一项与物理相关的项目拿到家里来。

一天晚上，小恒放学回来后看到妈妈正在客厅进行研究，问道："妈妈，您每天都研究这些东西，不会觉得厌烦吗？"

妈妈停下手中的工作说："因为我对研究东西非常感兴趣，所以不会感到厌烦，反而研究东西的时候会更开心。其实这和学习是一样的，当你对一门科目感兴趣时，你就会觉得这门学科非常简单。"

小恒说："那怎样才能对厌烦的学科感兴趣呢？我的物理成绩每次都考得很差，我都不知道该怎么办了。"

妈妈走到小恒身边说："首先就要克服对它的恐惧，反复对自己说非常喜欢物理，满怀兴趣地去学习，而且在学习物理之前要做好充分的准备。此外，还要花费比平时多的时间学习物理。"

小恒说："这样真的能增强我对物理的学习兴趣，并提高物理成绩吗？"

妈妈摸着小恒的头说："你不试试怎么会知道呢？"

小恒点点头说："从今天开始，我就按照妈妈的方法来学习。"

一个月后，小恒拿着物理卷子给妈妈看，高兴地说："妈妈，您看我的物理成绩，竟然比之前提高了这么多！"

从上面小恒的例子可知：满怀兴趣地学习会产生让人意想不到的结果，它能给人带来成就感，能为人带来力量，最后养成良好的学习习惯。如果我们对学习产生了浓厚的兴趣，那么我们在学

习时就会有一个良好的情绪，从而在学习中感到轻松和快乐。

我们可以从以下几个方面来培养自己的学习兴趣：

一、明确目标

我们可以给自己找一个具体、可达成的学习目标，可以是长期的（比如提高多少分），也可以是短期的（比如掌握某个知识点）。让明确的目标成为我们学习的动力。

二、建立正面反馈机制

我们可以制订一个明确的学习计划，每当完成一个学习任务或取得一些成绩时，给自己一点儿奖励。

三、实践应用

我们可以尝试将所学的知识应用到实际生活中，解决实际问题。这样不仅可以让我们对知识理解得更牢固，也能感受到学习的意义。

读书启发

满怀兴趣，我们才能持之以恒地学习，快乐地学习，才能在学习过程中不断地体验到成功的喜悦。如果没有学习兴趣，就容易对学习感到厌烦，难以获得好成绩。

读书是一件有趣的事

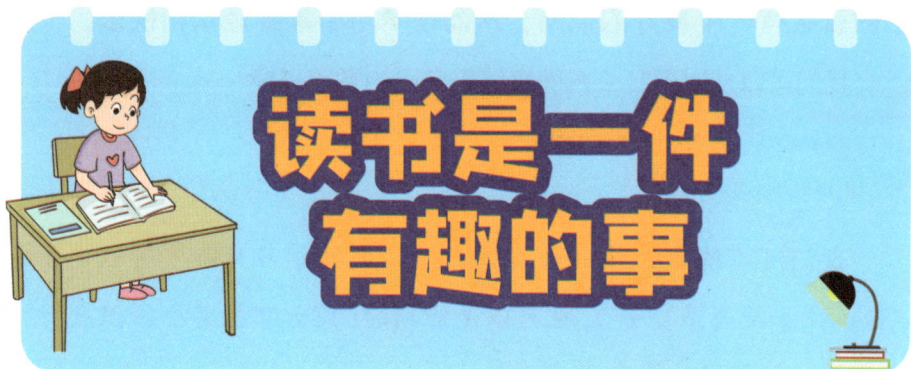

世界之大，无奇不有，很多我们见不到、听不到的事情，在书籍上有记录，所以读书是一件非常有趣的事情，它能帮助我们博古通今，使我们不仅能知道世界此刻正在发生的事情，还能知道曾经发生过的事情。除此之外，通过读书，我们能领略到文字的博大精深，感受到文化的魅力和历史的厚重。

古往今来，很多伟人就算身处逆境，也没有放弃读书和学习；即使周围环境十分艰苦，依然手不释卷，想方设法地读书，尽最大的能力去提升和充实自己。他们也正是意识到了读书的重要性，努力读书，才能用自己的智慧摆脱困境，战胜困难，最后实现自己的理想和伟大志向。

书籍不仅是我们的精神食粮，还是我们人生力量的源泉。相信大家都读过海伦·凯勒的《假如给我三天光明》，从中能感受到作者海伦·凯勒那种在面对人生的困厄和不幸时，所展现出的不屈服、不放弃的顽强精神。读完这本书，相信我们耳边总会回荡着这样一句话：海伦·凯勒耳不能听、目不能视，却有着与命运抗争到底、坚持不懈、

努力进取的精神，与她相比，我们是多么的幸运哪，那我们为什么不能像海伦·凯勒一样拼搏向上呢？我们又有什么资格轻言放弃和萎靡不振呢？

即使身处逆境，追求知识的光芒也永不熄灭！

对，努力，奋斗，终会抓到大老鼠的！

我们在书籍中除了能够感受到力量，还可以感受到乐趣。有些书籍中记载了与作者相关的趣事，让我们忍不住哈哈大笑；抑或是记载了作者亲眼所见的奇闻逸事，让我们感同身受。这样的书籍能为我们带来快乐，是我们不可多得的良师益友。

张婷从小就喜欢读书，甚至到了痴迷的程度。

张婷14岁生日的时候，爸爸送给她一本书，那本书讲的是我国古代文学家的故事。张婷非常高兴，拿到书以后如获至宝，每天都在自己的房间读这本书。有一天早上，爸爸叫张婷起来吃早饭，敲了半天门也没见她出来，爸爸以为她生病了，连忙用备用钥匙打开了门，却看到张婷正端坐在书桌前看书，而且昨天给她端来的牛奶还原样放在桌子上。

爸爸走到张婷身边说："爸爸敲门你没有听见吗？"

张婷看着爸爸说："我在想书中文人当时的情境，可能太入神了没有听见。"

爸爸又问道："你怎么没喝牛奶？"

张婷看了一眼牛奶杯说："我昨天一直在想书中的内容，忘记喝了。"

爸爸看着女儿说："你喜欢看书是好事，但是你也要兼顾自己的生活呀。"

张婷答应了。此后，她照常刻苦读书，但不会影响日常生活，让学习和生活有机结合。

古人曾说：开卷有益。因此，我们要找到最适合自己阅读的书籍，然后坚持读书，这样我们才能领略书中的道理，在读书中感受到快乐。

读书启发

坚持读书，不但可以让我们变得博学，领略到文化的博大精深，还可以给我们坚强面对生活中困难的力量。读书也是一种享受，在书中，我们还可以看到许多好玩儿的事情，感受到乐趣。

第 三 章

学习态度

决定学习成绩

学习态度越端正，学习效率越高

学习效率与学习成绩密切相关，学习效率越高，我们的学习成绩越好。而学习效率是由我们的学习态度决定的。

我们身边肯定会有这样的人，他们学习时看起来非常努力，但是考试成绩却不尽如人意。所以有些孩子会产生这样的想法：学习态度好像没有多么重要，那些努力学习的人学习成绩并没有很好；而那些学习成绩很好的人，也没看出有多刻苦，所以学习成绩与学习态度没有关系。其实，这种想法是错误的，因为学习态度真的会影响学习效率。

李沫是一名初三的学生，他一直认为只要认真听老师讲课，课下用不用功无所谓，所以一直以这样的态度来学习。眼看就要升高中了，他的成绩一直不见提高，这让他非常着急。

为了提高学习成绩，他主动向学习好的同学请教学习方法，同学给他的建议是：只要端正学习态度，好好预习将要学习的知识，课下复习老师讲过的内容，并多做习题，多问问题，就会有事半功倍的效果。

> 为什么我努力学习，成绩还是这个样子呢？

> 很可能是因为学习态度出了问题，影响了学习效率！

在一次数学课上，数学老师说："下节课我们要学习函数相关的知识，希望同学们课下好好预习，不要等课上听不懂的时候抱怨课程太难。"

要是以前，李沫肯定会对老师的话置之不理。这次，他接受了同学的建议，听了老师的话，利用自习时间认真地预习数学知识。

数学课上，很多同学抱怨函数知识太难了，但是李沫却认为老师讲的内容很简单，因为很多知识都是自己预习时学习过的，所以数学老师讲的时候自己能一下子明白。

经过这次的事情，李沫发现好的学习态度能提高学习效率，从那以后，他对学习更加认真了。

后来，李沫的成绩得到了很大的提高，他在中考中取得了很好的成绩，考上了市里的重点高中。

　　李沫对待学习认真的态度，值得我们学习，他的例子告诉我们：认真的学习态度能够为我们带来显著的学习成果。

　　学习不是一蹴而就的，它是一个不断积累的过程。我们还处于学习的阶段，一定要摒弃学习态度对学习成绩没有影响的错误观念。认真做好每一件事情总是没错的，所以为什么不以一种认真的态度去对

　　妈妈，我感觉学习越来越难了！

　　改变一下学习态度吧，端正态度、认真学习，就不会觉得那么难了！

　　待学习呢？只有端正学习态度，我们才能真正学到知识，才能把书上的知识变成自己的。

　　我们在学校考取的成绩及获得的各种荣誉，都是学习效率的反映。如果我们具有较好的学习态度，那么学习效率就会提高；反之，则学习效率就会降低。

作为一名学生，主要职责就是好好听老师讲课，认真对待学习。所以，不管上的课是不是自己喜欢的，我们都要带着好好学习的态度去听，带着感谢老师的态度去学习，尊重老师的劳动，对自己负责，这才是一名学生该有的态度。

周末或寒暑假时，缺乏老师的监督和同学的陪伴，我们也要展现出良好的学习态度，认真学习，完成老师布置的作业，复习学过的知识点，预习将要学习的知识。

相信如果我们具备认真学习的态度，把好好学习当成一种必须坚持不懈做下去的事情，那么我们的学习效率就会得到提升，学习成绩自然会好，会真正地消化获得的知识，使这些知识成为自己可以随意取用的财富。

读书启发

学习不在于表面功夫，也不在于学习时间的长短，而在于注重学习效率，学习效率高，学习自然事半功倍。而学习态度影响着学习效率，只有端正态度，到了该学习的时间就认真学习，才能高效学到更多知识。

别让不良心态影响学习成绩

对我们来说，目前主要的任务就是学习，因为作为一名学生，学习是我们的天职。充满快乐地学习是取得好成绩的关键，而好的学习成绩为我们带来的快乐会促使我们更加努力地学习，这样一来，我们就会获得更好的成绩。

现代社会中，我们的学习压力很大，只要出现考试成绩不理想的情况，就很容易出现情绪低落或厌学的情绪。其实，我们不应该带着压力去学习，应该带着轻松、愉悦的心情去学习，然后在学习中寻找乐趣。

当不把学习看作一种压力时，我们就会惊喜地发现学习中的乐趣。如果和学有所成的人相处一段时间，并仔细观察他们的学习状态，我们就会发现他们在学习中是充满快乐的。有位数学家曾经说过："数学好玩儿。"从这句话中可以看出，苦和乐永远都是相对的关系，到底是苦还是乐，取决于我们的态度。快乐学习不仅是一种态度，还是一种境界和一种追求，只要我们敢于面对，用最好的状态去迎接学习，我们就会发现原来学习不是痛苦的，而是充满快乐的。

学习是一场没有终点的旅行！

去寻找旅行中的快乐吧。

　　我们总是认为取得优异的学习成绩是一件很难的事情，这样很容易增加我们的心理负担，进而使我们失去快乐。人人都想在学习中取得好成绩，但这需要我们付出巨大的努力和精力。如果我们为自己的目标拼搏奋斗时，遇到一点儿困难和一次失败，心中就万分懊恼、忧愁和悲伤，以至长期萎靡不振、不能自拔，成绩怎么可能会变好呢？

　　当我们取得好成绩时，应该高兴并珍惜，千万不能骄傲自满；当我们付出了努力却没有得到好成绩时，也不要一蹶不振。只要我们努力学习，与以前相比有所进步，那我们就应该知足，放开心态，保持快乐心情，今后继续弥补自己的不足。

　　也许有人会问：如果在学习中，忽然出现了不良情绪，那应该怎样做才能转换心情，保持快乐呢？又该去哪里寻找好心情呢？其实我们不应该为这件事情担忧，因为保持心情愉快并不是一件非常难做到的事情。只要找对方法，对症下药，所有的问题就会迎刃而解。我们可以采取以下方法保持心情愉快。

第一，我们应该及时改变自己的想法，树立这样的意识：过度的压力只会增加心理负担，降低学习兴趣，只有适度的压力才会提升学习动力。第二，及时调整自己的心态，客观地对自己进行评价，对自己的期望值不能太低，也不能太高，对自己的期待应该以经过自己的努力能够达到为标准。第三，要学会转移注意力和情绪，及时消除怨气。当感觉到压力，或感到心情非常悲伤、烦躁时，应该多与家长或同学讨论一下，千万不要闷在心里。除此之外，还可以通过听音乐、唱歌等方式来缓解自己烦躁、郁闷的情绪。

除上述方法以外，还有一种方法能够缓解不良情绪，我们可以试一试：先进行深呼吸，然后仰望天空，闭上眼睛，想想自己身处这样好的学习环境应该懂得知足，与世界上那些还没有解决温饱问题的人、想读书学习却没钱读书的人相比，自己是幸福的，继而忘掉自己的烦恼，然后微笑着，以乐观的心态去学习。

读书启发

消极心态会给我们的学习造成不良影响，而好的心态会促使我们积极去学习，在学习中发现快乐，从而提高成绩。所以，我们要把快乐放在心里，在学习中感受快乐，带着良好的心态去学习。

主动学习，使学习变得更轻松

　　我们放学回家时是否会遭到父母这样的催促："赶紧去写作业！写完作业才能看电视、玩玩具。"在课堂上老师也会这样强调："老师讲的都是考试的重点，你们要好好听课。"但是我们好像并不领父母和老师的情，反而会抱怨："在学校天天都要学习，回家还要做好多作业！写得不好还要被老师训斥。"我们在老师和父母的要求下被动地学习，肯定都认为学习是一件枯燥又痛苦的事情。

　　学习毕竟是自己的事情，所以还是要自己真的喜欢学习才可以。

真棒啊，学习上都不用我们督促了！

学习是自己的事情，我应该主动学习！

如果需要在老师和父母的催促下才能学习，那么我们会感到非常疲惫。因为天天听到别人的唠叨和催促，无论是谁都会烦躁。

　　刘刚是一位大学生，他是学校里有名的作家，他写的文章每次都会获得老师的赞赏，还获得过很多奖项，他的梦想就是成为优秀作家。从小到大，他写出了很多获奖的文章，而他小小年纪之所以能够写出这么多的作品，是因为他喜欢读书，从书中学到了大量的知识。学习的道路是非常漫长的，而对刘刚来说，这条道路不仅漫长，而且无比艰辛。刘刚的家庭非常贫寒，考上大学后，家里没有多余的钱送他上学，他只好选择外出打工赚取学费。他在打工期间，只要一有空闲时间，就捧着书阅读。因为刘刚喜欢读书，所以他才会全身心地投入。正是主动地学习，才让刘刚从读书中有所收获，从而小有成就。

　　从刘刚的例子中可以看出，学习不是被动的，它可以成为一种主动的行为，这种行为是自身引发的，正是因为这样，我们才不会害怕学习中遇到的任何困难。在主动学习的过程中，我们不会懈怠，更不会厌恶学习，而是会集中精力、全神贯注地学习。我们现在还年轻，还有很多的时间去学习，所以，我们一定要培养自己主动学习的习惯。

　　在现实生活中，很多人都不知道自己学习的目的，只有很少人主动地学习。那么我们不如想想：学习能带给我们什么？学习能让我们获得知识和技能。具体来说，学习能让我们认识越来越多的字，能让我们懂得做人的道理，能让我们轻松地与他人交流，能让我们知道世界上的诸多奥秘。

　　李晶是一名初二的学生，她的成绩一直都名列前茅。有一次期中考试，李晶有四门科目考了满分。

　　在班会上，班主任特意表扬了李晶，并问她："你有四门科目考了满分，有什么诀窍吗？"

　　李晶说："我认为学习是自己的事情，应该主动去学习，而不是在老师和父母的催促下学习。"

　　听到李晶的话，班主任欣慰地继续问道："那你都是怎样主动去学习的呢？"

　　李晶说："我会主动找自己在学习上不足的地方，先自己动脑筋去想，如果找不到问题的答案，就寻求老师和同学的帮助，这样不仅能找到问题的答案，还会磨炼自己的耐心。"

　　班主任点了点头。

　　李晶继续说："在主动学习的过程中，我不会放过任何一个难题，也不会被难题打倒，难题反而会激起我的斗志，让我越挫越勇。慢慢地，我爱上了解决难题，爱上了主动学习，不知不觉，我的成绩就有了很大的提高。"

　　听到李晶的话，班主任对李晶竖起了大拇指，对讲台下的学生说："大家都要学习李晶这种主动学习的精神，只有主动学习，主动与难题做抗争，学习成绩才能有所提高，你们才能像李晶一样取得优异的成绩。"

　　李晶正是主动学习的好榜样，对个人而言，主动学习能让自己有意想不到的收获。也只有自己最清楚，在主动学习的过程中，能够学到多少知识，学到的这些知识又有多少能真正转化为自己能够随时利用的财富。

有时我们不愿意主动学习是因为在学习中遇到了解决不了的问题，那么我们可以请求老师或者同学来帮助自己。当我们在老师和同学的帮助下主动去解决难题时，就会发现曾经绊住自己的这个问题并不是那么难。

我们年纪较小，想法还不成熟，所以不可能随时随地提醒自己主动学习，既然如此，我们可以采用多问问题的方式去学习。当书本中出现比较深奥的问题时，小时候我们可能会问老师或者父母为什么，但是随着年龄的增长，我们可能不会问为什么，而是选择视而不见。如果我们能够多问几句为什么，多深究问题的答案，善于去发现问题时，我们就能勤奋起来，也更愿意主动学习了。

读书启发

学习是我们自己的事，我们不能单纯依赖爸爸妈妈或老师的督促，被动地接受知识，而应学会主动学习。这样，我们不仅可以提升学习效率，还能使学习过程变得更加轻松和愉快。

别把学习当作赌气的筹码

　　我们自出生起，就在父母的保护和教导下成长，一天比一天成熟。我们的身体日益强壮，内心也越来越强大。随着时间的推移，我们不再是那个完全依赖父母的小孩子，我们有了自己的思想，遇到事情不愿意一味听从父母的安排。在这个过程中，父母与我们之间的关系变得非常微妙，甚至复杂。我们再也不像以前那样，完全听从父母的意见了，双方随时都可能发生冲突。

这是你这周的课外钢琴课程表，放学记得去上课！

妈妈，我不想再上钢琴课了，我想有自己的安排！

其实，当矛盾出现时，父母与我们都没有错，出现争吵的原因在于，随着年龄的增长，我们的心理逐渐成熟，而父母却始终把我们看成小孩子，以为我们还会像小时候那样听他们的话。殊不知，我们已经长大了，不愿意再听从父母的安排。父母应该意识到这个事实，不应该再居高临下地命令孩子，应该平等地与孩子沟通和交流，只有这样才能真正地走进孩子的内心，了解孩子的真实想法，找到合适的方法来解决孩子的问题。

晨晨是一个初三的学生，本来升高中的压力就很大，再加上初三的课程难度有所增加，晨晨承受不了这样的压力，只能寻找一些能释放压力的事情。在同学的诱惑下，晨晨爱上了打游戏，在打游戏时她总是感觉无比快乐和轻松。

但是晨晨的这种快乐与学习没有任何关系，长此以往，晨晨的学习成绩直线下降。晨晨的班主任找到她说："你最近是有什么事情吗？为什么学习成绩下降得这么厉害，看来得找你妈妈好好聊聊你的学习了。"

晨晨怕自己去网吧打游戏的事情败露，便央求道："老师，我是因为学习压力太大了，这次考试才会发挥失常。接下来的日子我一定好好学习，下次考试一定考个好成绩。"

班主任看晨晨下定决心要好好学习了，就没有为难她，对她说："这次就不通知你妈妈了，你之前的学习成绩那么好，千万不能松懈，今后一定要好好努力，把学习成绩提上去。"

回到教室后，晨晨不但没有意识到自己的错误，反而觉

得自己很聪明，能让班主任相信自己的话。放学后，晨晨一下子冲进网吧，沉浸在了游戏中。殊不知，班主任跟在她后面，也进了网吧。原来，班主任早就得知她喜欢上了打游戏，把她叫到办公室，是为了让她主动承认错误，没想到晨晨竟然说谎话。

班主任将晨晨带出网吧，对她教育了一番，之后将这件事告诉了晨晨的妈妈，请晨晨的妈妈好好引导晨晨。妈妈知道后，非常生气，在晨晨回家后，立即愤怒地说："你之前说放学后在学校写作业，其实是去网吧打游戏了是吗！你还想不想上学了？"

听到妈妈的话，晨晨忍不住掉下了眼泪。妈妈见了更是没好气地说："考得那么差，你还有脸哭。"

晨晨听了妈妈的话，不禁大声喊道："现在我连哭的权利都没有了吗？我跟你说，我以后再也不去学校上学了，你要是想上学，你就自己去吧。"说完，晨晨哭着跑进了自己的房间。

在上面这个事例中，因为晨晨的成绩变差，而且她还深陷网络游戏中，妈妈知道以后顿时非常生气，所以骂了晨晨一顿。晨晨自知无法与妈妈抗衡，所以就用不上学的方法来要挟她。晨晨年纪较小，还不懂得是非对错，不明白学业不是用来与父母对抗的筹码，对我们来说，学习是为了自己，不是为了父母。所以，不管在什么情况下，我们都要把学习放在第一位，只有这样才算尽到了自己的本分和义务。如果动不动就以不学习、不上课来要挟父母，那么只会害了自己。

如果换位思考一下，我们就会理解父母的良苦用心。我们是父母的孩子，他们也不想责骂我们，更不想看到我们伤心难过。我们的成绩不理想，父母骂我们，是为了让我们能够吸取教训，努力进取，下次考出好成绩。谁都有情绪失控的时候，父母在情急之下也会失去理智，但是这样就会激发孩子的逆反心理。

我们应该清楚，父母的出发点是好的，只是没有把握好分寸，口不择言了。我们应多体谅他们，避免产生逆反心理，不与父母赌气，更不要把学习当作赌气的筹码；而是应端正学习态度，认清自己的错误，认真学习，用好成绩回报他们。

读书启发

我们学习是为了我们自己，没有实现自己所期待的目标时，或受到爸爸妈妈、老师的批评指责时，都不要任性赌气不好好学习。不然，荒废了学业，最终吃亏的还是我们自己。所以，有问题就好好沟通吧，赌气解决不了问题。

第四章

好的方法
让学习变得更高效

正确的学习方法，让学习事半功倍

　　学习不仅要认真，还要有正确的学习方法。如果把学习比作大海上的船，那么勤奋就是船上的马达，而学习方法就是指引船只前进方向的指南针。一位哲学家说过："最有价值的知识是关于方法的知识。"

　　每个人的学习习惯和认知程度不同，学习方法也应该因人而异，所以，我们应该根据自己的情况选择最适合自己的学习方法，这样不仅能在短时间内提高我们的学习成绩，还能让我们在学习中找到乐趣，进而游刃有余地学习。

> 明明成绩那么好，我跟着他学习，下次是不是就能取得好成绩了？

> 你应该根据自己的情况选择合适的学习方法！

好的学习成绩和高效率的学习都离不开正确的学习方法，因为学习成功的前提是明确的学习目标；学习成功的动力是浓厚的学习兴趣；学习成功的保证是正确的学习方法。

著名物理学家爱因斯坦总结出自己取得伟大成就的公式，这个公式是：A＝X＋Y＋Z，他解释道："A代表成功，X代表艰苦的劳动，Y代表正确的方法，Z代表少说空话。"

由此可见，要想取得成功就要有良好的学习动机、浓厚的学习兴趣、认真的学习态度、坚定的学习意志、正确的学习方法。

很久之前，有一位老人在河边钓鱼。这时，有一个小孩儿在此路过，他见老人钓鱼很有趣，就停下来观看。在很短的时间内，老人就钓了满满的一篓鱼。老人见小孩儿长得很可爱，就从篓中拿出一条鱼送给他，孩子摇摇头，表示拒绝。

老人以为小孩儿嫌一条鱼太少了，于是把整篓鱼都递给他，孩子还是摇了摇头。

老人惊异地问道："我送给你整篓鱼你都不要，你想要什么？"孩子不慌不忙地说："我想要您把钓鱼的方法教给我。"

在学习上，我们需要的正是老人的这种"钓鱼之术"。

学习有方法，但没有固定的方法。我们只有找到适合自己的学习方法，才能在学习上取得较大的进步。我国近代国学大师王国维说过，学习有三种境界。第一种境界为"昨夜西风凋碧树，独上高楼，望尽天涯路"。指只有敢于登高远望的人，才能达到自己的目标，只有不怕孤独和寂寞的人，才能有所成就。第二种境界为"衣带渐宽终不悔，为伊消得人憔悴"。指那些为了追求自己的理想的人，废寝忘食，夜以继日地学习，就算日渐消瘦了也不会后悔。第三种境界为"众里寻他千百度，蓦然回首，那人却在，灯火阑珊处"。指那些始终努力奋斗却无所收获的人，正感到困惑的时候，突然获得了成功，那种由失望转为成功的心情是无法用语言形容的。

哈哈，原来是这样啊，太有趣啦！

所以，如果我们掌握了正确的学习方法，学习就会事半功倍，不仅能节省时间，还能让我们感受到学习带来的快乐；相反，如果采用了不正确的学习方法，那么只会减缓学习的进度，阻碍我们发挥才能。由此可见，正确的学习方法在我们获取成功的道路上非常重要。

读书启发

学习，并不是将知识灌输进自己的头脑里就成功了，也应讲究方法。好的学习方法能让我们更快地提高学习成绩。所以，我们不仅要认真学习，还要根据自己的实际情况，找到适合自己的正确学习方法。

勤于思考，才是学习的硬道理

一个农民用两袋玉米换了一大袋大米，心里想着：这些大米肯定够吃很长时间了。于是他加快脚步往家赶，眼看就要到家了，他忽然发现肩上的大米越来越轻，往后一看才发现大米袋子上有一个小洞，大米正顺着那个小洞往下掉。农民看到后没有理会袋子上的洞，反而加快了脚步。这时，一位老爷爷正看着这一切，发现袋子上的洞越来越大，就大声喊道："哎，小伙子！"这个农民知道有人叫他，但是他无暇理会。最后老爷爷使劲儿喊道："小伙子，再不想办法把袋子上的洞补上，大米就要漏完了。"

农民气喘吁吁地说道："谢谢你提醒我，但是我没有时间去

小伙子，再不想办法把袋子上的洞补上，大米就要漏完了。

谢谢你提醒我，但是我没有时间去补袋子上的洞，我要赶紧把大米扛回家里去！

补袋子上的洞，我要赶紧把大米扛回家里去！"

在现实生活中，我们肯定也遇到过这位农民这样的情况，就算用尽了全身的力气，到最后也只能得到一点儿回报，那是因为我们就像这位农民一样，把重点放在了"把大米扛回家"上，却没有从根本上思考问题、解决问题。当问题出现时，如果我们能多花一点儿时间，思考问题的根源，而不是使出全身力量与问题的"症状"对抗，那么我们就能在最短的时间内走出困境。所以，在学习和生活中，不管遇到什么样的困难，我们都要学会思考，然后找出问题的根源加以解决。

在思考问题时，我们不仅要寻找答案，还要有怀疑的态度。马克思是著名的思想家、政治家，他的女儿曾问他："您的座右铭是什么？"马克思回答说："怀疑一切。"

一次科学课上，老师拿了一个西瓜和一个苹果，让班里的 20 个学生逐一上台闻一闻西瓜和苹果，并让学生们说出是否闻到了西瓜和苹果的味道。班里的很多学生站在西瓜前说是西瓜的味道，站到苹果前说是苹果的味道。

赵鼎来到讲台上，闻了闻西瓜说："老师，这个西瓜没有味道，苹果有一种怪怪的味道，好像是杧果的味道。"

老师站在讲台上问："有哪位同学和赵鼎同学的看法一样？"

只见台下的学生都摇着头，表示和赵鼎的看法不同。这时，老师将西瓜和苹果切开，让人大吃一惊的是，西瓜和苹果都是假的，西瓜模型里面是空的，苹果模型里面放着一个杧果。很显然，赵鼎的看法是正确的。

老师问其他同学，为什么会闻出西瓜和苹果的气味，绝大部分学生说，眼睛看到的就是那样的。由此可见，很多学生都缺少怀疑精神。

古人曾说："疑乃觉悟之机，大疑则大悟，小疑则小悟，不疑则不悟。"怀疑是对接触事物的不确定和再思考，也是人类的一种进步和主体性觉醒。心理学研究表明，怀疑能够引起人的定向探究反射，一旦产生了这种反射，人就会认真思考。

当一个事物被怀疑时，它才会被关注，被思考。有些事物被怀疑以后，会被肯定和认同，而有些怀疑会因思考而被深化，进而通过批判达到创新。正是因为有了怀疑精神，人类才会有创新和发明。

读书启发

如果我们不学会思考，对学习中遇到的问题视而不见，那么问题永远都会存在，最终将阻碍我们的学习。只有正确看待问题的存在，并进行缜密的思考，我们才会找到解决问题的方法。也只有勤于思考，大胆怀疑，我们才能避免盲目轻信。

善于提问，才有更大的进步空间

我国伟大的教育家孔子说过这样一句话："不曰'如之何，如之何'者，吾末如之何也已矣。"这句话的意思是："不懂得说'怎么办，怎么办'的人，我也不知道应该拿他怎么办！"

孔子的这句话告诉我们一个道理：只有懂得不断问问题的人，才会思考新的问题。如果一个人连问题都问不出来，那么他就不会思考；不会思考的人，就不会进步；不会进步的人，就不会成功。

一位心理学家说过："如果一个人产生了新的问题，那么对他来说是新的机会，是新的希望，是成长的开始。"所以，不要认为提出一个问题是一件多么不起眼儿的事情，也许就是这个不起眼儿的问题，让我们的思维活跃起来，使我们在解决问题的过程中不断成长和进步。

我们或许会有这样的想法：只要把老师讲的知识和书本上的知识学到手，就能解决所有的问题了。其实这是一种错误的想法，在知识的海洋中，书本上的知识只是沧海一粟，就算我们把书本上的知识全部学会，也只是掌握了知识中很小很小的一部分。

如果我们只停留在课本的知识上，那么，将来我们走入社会就会

被社会淘汰，除此之外，我们还会失去创新的能力。当代社会，创新是社会的主流，我们作为新一代的青少年，只有具有创新精神、拥有爱问问题的习惯才能立足于社会。因为，所有的知识都来源于未知的问题，当我们知道答案的那一刻，说明我们获得了新的知识，离成功又近了一步。

在提问题这个方面，爱因斯坦曾这样说："提出一个问题往往比解决一个问题更重要，因为解决问题也许仅是一个数学上或实验上的技能而已，而提出新的问题、新的可能性，从新的角度去看旧的问题，都需要有创造性的想象力，才标志着科学的真正进步。"正如爱因斯坦所说，创新源于提出新的问题，提出新的问题又源于强烈的问题意识，只有不断创新，我们才能进步、成长。世界上有很多人之所以能成为科学家，是因为他们能够在问题中不断学习和成长，最终有所突破。

李想是一名初一的学生，他在一次地理课上的表现，让老师对他刮目相看。老师在讲四大洋的知识时，李想突然举手问："老师，大海是怎样形成的呢？"

老师说："地球形成后，频繁的火山喷发使大量水蒸气升空形成了云，后来又下了持续 1000 万年之久的暴雨，这些雨便汇成了大海。"

李想接着问："大海为什么是蓝色的呢？"

老师回答："这是光线和海水之间的反射和吸收作用产生的。光由七种颜色组成，红色到绿色之间波长范围内及附近的光被水分子吸收，蓝色部分的光则被反射出去，所以大海才会呈现蓝色。"

李想说："谢谢老师，我明白了。"

老师欣慰地点点头，对学生们说道："通过李想的提问，同学们学习到了课本之外的知识。大家应该向他学习，善于发现问题，提出问题，只有这样才能学到更多的知识。"

上面这个故事说出了提问题的重要性。众所周知，心脏是生命的根本，而问题是所有学术的"心脏"。在实际生活中，我们听到的最多的一句话就是"学问学问，不懂就问"，这句话告诉我们：所有的学问和知识都是在提问题的过程中获得的。

有个词语叫作"勤学好问"，如果将这个词语拆开，就变成了"勤学"和"好问"，由此可知，两者之间有着密切的关系。如果我们养成勤学的习惯，那么一定会产生很多疑问，不管是老人还是小孩儿，都会成为我们提问的对象，成为我们的老师。

当然可以啦！你问的问题很有价值哟！

教程计划

老师，我不明白这部分的内容，您可以帮我解答一下吗？

对于老师来说，答疑解惑是他们的天职，如果老师一直按照自己的方式讲课，但是学生没有提出任何问题，这往往会让老师感到不安。所以，老师们在一起研究教案时，都会这样说：他们不怕学生打断自己的教学过程，最怕的就是一整节课下来没有一个学生提出问题，恨不得每个学生都能提出问题。

提问题是获得进步的途径。我们的大脑正处于发展阶段，如果在学习的过程中，有疑问却不提问，或者根本没有问题可问，这其实是一种非常可悲的现象。如果心中有疑问却没有问，那么这个疑问就不会得到解决，新的问题又来了，这样问题就会越积越多，最终影响自己的成绩。所以，我们要养成多问问题的习惯，拥有"打破砂锅问到底"的精神，只有这样，问题才会逐一被解决，我们在学习的道路上才会越走越顺。

读书启发

善于发现问题，才能提出问题，在得到问题的答案后，我们才能学到新的知识，获得成长和进步。所以，我们要善于发现问题，一有疑问就要立刻解决，在提问题中不断探索，不断寻找答案，积累新知识。

读书笔记，是良好的记忆方法

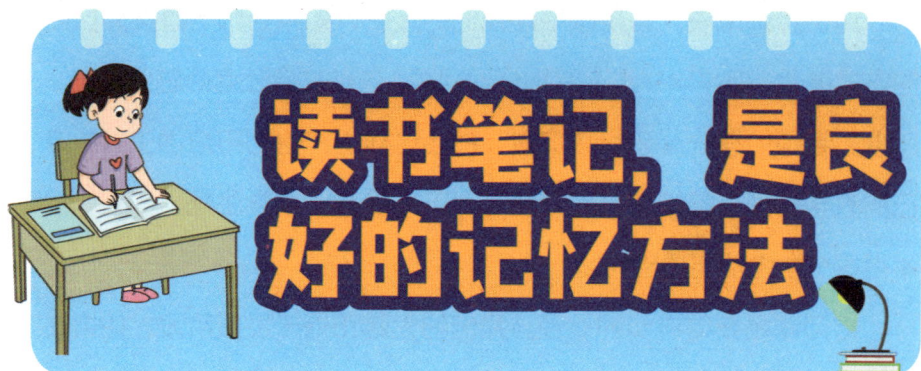

当我们身处一望无际、种类繁多、内容充实的知识海洋中时，如果不对海洋中的知识系统地学习和分类，那么我们就会迷失其中。在学习中，因为不同学科的知识之间是相通的，我们常常会混淆，所以对这些知识进行系统的分类显得尤为重要。而我们阅读、学习时，未必能把自己读过的书都记下来，更不可能凭借记忆把繁杂的知识点分类、汇总。所以，在阅读、学习中，我们一定要养成做笔记的好习惯。养成做笔记的习惯有很多好处，如帮助记忆，利于在脑中构建系统性的知识体系等。

"好记性不如烂笔头。"刚开始看到那些有用的知识或好词、好句时，我们的头脑被知识充满，总是误以为自己已经将那些知识记下来了，但是几天以后，我们就会完全忘记那些知识，甚至都不曾记得自己见过它们。不要感觉惊讶或者怀疑，这种现象是符合心理学家艾宾浩斯提出的遗忘曲线的。其实，再好的记忆力也会遗忘，这便是人的生理规律，是不可逆转和对抗的。既然不可对抗，那我们就要采取各种方法，如做笔记来增强记忆力，只有这样才能降低遗忘的速度，从而在学习的过程中积累更多的知识。

红红，都下课了，你还在忙什么呀？

记笔记能帮助我在脑海中构建系统性的知识体系。

在做读书笔记时，有些孩子总是陷入这样的误区：读书笔记就是写在本子上，没有本子或笔就无法做笔记。随着时代的发展，做读书笔记的方式有很多，当我们在报纸上看到好的知识点时，可以把它剪下来，粘到本子上；当我们在电子产品中看到好的知识点时，可以复制粘贴，汇总到一个文件中。如果需要做笔记的内容不多，我们就可以采取摘抄的方式，把自己喜欢的内容摘抄下来，摘抄会加深我们对知识的理解和记忆。

不管做什么事情，我们都不能只拘泥于一种方法，因为不管黑猫还是白猫，能抓住老鼠的就是好猫。在读书、学习中，我们也要遵循这样的原则，不管是怎样的摘抄习惯和方法，只要能够起到好的作用，就是好方法。每个人的学习习惯和记忆方式不同，我们应该根据自己的特点，使用最适合自己的方法，这才是最佳的方法。

　　做任何事情都要脚踏实地。要想让自己通过做读书笔记的方式提高学习效率和学习成绩，我们就要坚持去做。古人曾说："不积跬步，无以至千里；不积小流，无以成江海。"很多孩子才在电子书中复制了几句话，做了几次剪报，摘抄了几次句子，就抱怨："我都做读书笔记了，为什么学习成绩还是没有提高？这样做不仅浪费时间，而且还得不到任何回报。"

　　其实，这样做并不是浪费时间，也不是没有回报，而是还没有达到取得回报的程度。现阶段，我们正处于学习和成长的关键时期，在学习中一定要摆正心态，有足够的耐心和毅力，只有这样才能有所收获。

读书启发

　　在学习过程中，对于学过的知识，再好的记忆力也会有遗忘的时候，所以，我们要学会做笔记，并根据不同的情况，选择适当的方法来做笔记，这样就会减缓遗忘的速度，增强知识的积累。

懂得复习是学习的诀窍

读书学习不仅仅是把知识学到脑子里，也需要我们掌握方法和诀窍。我国古代著名教育家孔子曾说："温故而知新。""故"便是已学的旧知识，"新"则是新的知识体系。由此可知，复习也是一种很好的学习方法，它不仅能帮助我们巩固已学会的知识，还能查漏补缺，及时弥补我们在学习上的漏洞。

在实际的学习生活中，一些孩子觉得读书很累，所以在读书学习时，总是耍小聪明、偷懒，不注重复习。

聪聪，都已经放假这么长时间了，你怎么还在看课本哪？

复习能帮助我在学习上查漏补缺！

其实很多知识只学习一次是绝对不够的，需要我们后期不断地学习，不断地复习，只有这样，书本上的知识才能在头脑中生根，完全成为自己的知识。

或许有人会提出这样的问题：复习真的如此重要吗？通过下面的这个例子你就知道复习的重要性了。

张老师年年被评为优秀班主任，成为闻名当地的教师，他的很多学生都取得了优秀成绩。有记者对他提出了这样的问题："您是如何让您的学生取得这样的成绩的？有什么诀窍吗？"

张老师说："我的诀窍很简单，就是让我的学生们及时巩固考过的知识点和弥补自身存在的知识漏洞。因为我发现大部分班级考试结束后，都会让学生放松一下午或者放松一两天，其实这样做的效果是不理想的。"

张老师接着说道："看到这种现象以后，我就决定在考试当晚，让学生们反复观看自己考过的试卷，然后一起分析这次考试哪些问题作答时比较轻松，哪些问题作答时比较吃力，哪些问题没有答出来，然后分析没有答出来的原因，是知识点掌握得不够牢固，还是这部分内容根本就不会。我的学生都擅长及时复习，因此都有不错的成绩。"

从上面的例子可知，考试结束后及时复习找到不足之处，可以帮我们弥补知识上的漏洞，避免犯下大错误。所以，从现在开始，不管是复习当天学习的知识，还是复习很久以前学习的知识，我们都必须认真对待。

要想有效复习，应从以下四点入手：

一、复习要及时

研究表明，不同的人对同一件事情的遗忘程度和速度是不同的。刚开始时，遗忘的速度最快，随后速度变慢，时间一长就不再遗忘。所以，我们学习新的知识后，一定要及时复习，将学习的知识巩固一下。只有这样，学习起来才会事半功倍。

二、复习要有系统性

复习不是一件简单的事情，不仅仅是把学过的知识重新学习一遍，更重要的是把那些局部的、分散的、零碎的知识建成一个相互联系的系统。只有这样，我们才能让知识更具系统性和结构性，才能明确各部分知识之间的联系，分清各类学科知识的重点。

三、复习要有选择地进行

众所周知，知识是非常繁杂的，所以我们在复习时，应该有所选择，最好选择那些能"牵一发而动全身"的知识进行复习，比如具有代表性、基础性、典型性、综合性和启发性的知识，这样就能让我们有针对性地掌握学到的知识。

四、复习时，要学会抓重点、难点和疑点

在复习时，我们要注意对重点知识和难以理解的知识的重新学习和理解，对于一知半解的知识不能轻易放过，在学习中遇到任何问题，都要在复习的过程中解决，这样才能真正地掌握知识。

> 又在复习疑难点，这孩子现在越来越会学习了！

复习不仅是学习中的一个重要环节，也是一种提高学习成绩和学习效率的方法。在实际学习中，我们结束一天的学习之后，要把一天中所学的知识在大脑中多回忆几遍，加深印象，这样才能让知识掌握得更加牢固。除此之外，我们还要定期复习学过的知识，只有经常复习，才能让我们的记忆更加长久、深刻。

读书启发

学习并不只是当时学会了就万事大吉了，如果我们不及时复习，学过的知识也可能被遗忘。而经常及时复习，可以帮助我们弥补知识上的漏洞，加强对知识的理解、巩固与提高。所以，我们应该经常复习，尤其对于疑难点、重点知识，更是要重点复习。

第五章

提高专注力

让学习事半功倍

专注力是提高学习效率的法宝

专注力指人们专心于某一事物或某一活动时的心理状态。在日常学习中，很多孩子不能全神贯注地听老师讲课，常会做一些小动作，如说话、发呆、抠手指、东张西望等。其实，出现这些现象的原因就是上课时注意力不集中。

老师讲课时，如果我们的注意力能够高度集中，那么我们就会把所有的精力集中在老师讲的内容上，并让这种认真听课的思维处于活跃状态，促使我们的大脑高效地工作。

　　而我们身边总会有这样的人，在日常生活中，他们有很多兴趣爱好，精力旺盛，思维也很活跃。但是，当他们真正做一件事情时，却总爱开小差，效率很低。这些人的学习能力并不差，但成绩总是很难有大的进步，这都是由于缺乏专注力。由此可见，学习中保持专注非常重要。

　　专注力的作用是惊人的。我们只要集中精力专注于自己正在做的事情，就会非常轻松、有效率，还能把事情做得更好。

　　陈晗是一名小学生，与同龄人相比他非常有才华，在绘画方面非常出众。陈晗的姑姑有一位从事绘画的朋友，名叫张汀，在绘画圈非常有名。有一天，姑姑带着陈晗去拜访张汀，希望他能做陈晗的绘画导师。陈晗明知道张汀是一位有名的画家，依然骄傲地问张汀："姑姑说在绘画方面您什么都会，请问您会些什么？"

　　张汀反问陈晗："那你会些什么呢？"

　　陈晗得意地说："我什么都会，而且什么都能做到最好。只要您知道的，我就会。"

　　张汀不慌不忙地说："既然如此，那你跟我说一下你每天的学习情况吧。"

　　陈晗自信地说："我每天的学习时间都安排得非常满。上午用两个小时来画画儿，用两个小时来写作业；下午用一个小时学习吉他，用三个小时练习踢足球；晚上去妈妈的餐馆帮忙。星期天则去乡下奶奶家玩。"

　　说完后，陈晗得意地反问道："先生，我的学习情况就是这样的，除星期天外，每天都在学习。您知道了我的学习情况，那跟我说说您每天的工作情况吧。"

张汀笑了笑说："我每天上午用四个小时来画画儿，下午用四个小时来画画儿，晚上还会用四个小时来画画儿。"

陈晗不解地问："您每天都用来做同一件事情，那您还会其他的事情吗？"

张汀并没有直接回答陈晗的话，而是接着问："你会的东西那么多，那你的特长是什么呢？就是说你哪件事情做得最好？"

陈晗被张汀的话问住了，他想了一会儿也没有想到自己的特长。于是，他问："您的特长是什么呢？"

张汀不假思索地说："画画儿。"

陈晗终于明白了张汀先生的话，特长就是专心地做一件事情。陈晗下定决心拜张汀为绘画导师，向他学习与绘画相关的知识。在不懈的努力下，陈晗最终取得了丰硕的成果。

陈晗拜师的故事告诉我们，认真地做一件事情固然可贵，但更可贵的是专注地做一件事情。从陈晗一天的学习规划中可以看出，他能够充分地利用时间去认真地做每一件事情，而且兴趣非常广泛，这样的做法当然是好的，但是张汀一心画画儿，更难能可贵。很多时候，我们成功与否，关键在于我们是否能够长期专注地做一件事。

我们每个人都可以回想自己生活、学习上的点点滴滴，自己是不是一个做事专注的人呢？例如，老师讲课时，自己是否在认真听讲，有没有自觉或不自觉地转移注意力；才学习一会儿，自己是否就做各种小动作；在家中学习时，自己是否会开着电视或听着音乐。

其实，心不在焉地看着书本几小时，还不如全神贯注地看几分钟的效果好。当我们无心读书时，不妨暂时放下书本，放松一下自己的身体和头脑，这样一来，再次拿起书本时，我们就会集中精力去读书。

> 你们先去，我看完这本书就来啊！

> 看书就是看书，玩就是玩，不然两件事都没做好可就亏大啦！

总而言之，如果在学习时无法专注，那么在面对繁重的学习任务时，我们就无法深入地吸收知识和思考问题，最后就会身心俱疲。但是专注地投入学习，不仅不会使我们感到疲惫，还会让我们的思维和行动变得更加灵活，进而取得事半功倍的效果。

读书启发

学习不专注，会打断学习过程或让我们的思维不能更深入，总是徘徊在学习的表面，学习效率低下，学习效果自然也不好。所以，无论做事还是学习，都要提高专注力，认认真真全身心投入，这样才会事半功倍。

好好利用课堂 45 分钟

一节课有 45 分钟，每个老师都想在有限的时间内把知识高质量地传授给每一位学生，争分夺秒地利用好课堂上的时间讲解。尤其是在提倡给孩子减轻学习负担，不建议家长为孩子安排各种补习班，不建议老师给孩子布置太多的作业，也不建议家长为孩子单独布置各种家庭作业的背景下更是如此。虽然为孩子减轻学习负担的举动是好的，

> 这是一个好问题。应该认真听课、记笔记、积极与老师和同学互动。

> 老师，我们如何高效利用课堂 45 分钟呢？

办公室

但是减负归减负，我们对于学习的上进心是不能有丝毫削减的。所以，在减少了作业、补课时间的同时，提高课堂的效率，利用好课上的 45 分钟，就十分重要了。

但是，实际情况却不是这样，很多孩子在课堂上很容易开小差或者交头接耳，心思不完全在听课上。比如老师正在讲课时，天上飞过一架飞机，有的孩子虽然坐在教室里，但是心早就和飞机一起飞走了；老师正在讲台上讲课，有些孩子看似在看书上的内容，实际上正在看漫画书……这些孩子并不知道时间的宝贵，在他们被飞机和漫画书吸引的时候，老师就已经把知识点讲完了，可他们却什么也没有学会。由此可见，三心二意对孩子的学习和成长有多么大的危害。

我们正处在成长阶段，很容易被外界的事物影响，注意力也很容易分散，很多情况下，连自己都不知道自己是什么时候开始神游的，所以经常会对老师讲解的内容充耳不闻，但老师只要不点自己的名字，就没有办法纠正我们出神的情况。

老师，刚刚您讲的那个问题，我有一点儿不同看法……

但说无妨，上课认真听讲，积极思考、发言是好事呀。

要想保证课堂 45 分钟充分被利用，我们要做些改变。比如我们在上课时要积极主动地向老师提出问题，或者积极地思考，回答老师提出的问题，频繁地与老师互动。在课堂中与老师没有任何交流是我们出神的主要原因，若我们沉浸在自己的世界里，自然就会神游。只有紧跟老师的步伐，仔细思考老师提出的问题，并随时准备回答问题，及时向老师请教自己的疑问，我们才能记住老师讲解的知识。

我们这样的年纪，在整节课中都能集中注意力是非常难的。如果我们正面临容易走神儿的问题，不要着急，做什么事情都有一个过程，只要我们每天提高一点儿自己的专注力，那么我们很快就能养成专心听老师讲课的习惯，让听课更有效率。

读书启发

课堂上的 45 分钟是学习的重要时刻，在这个短暂的时间里，我们要集中精力，专心听讲，积极思考、互动，认真听同学发言，仔细做笔记等，避免分心和干扰。这样我们的课堂效率高，不会错过知识点，学习起来更轻松。

玩需要尽兴，学习需要专注

如果仔细观察，一定会发现我们身边有这样一类人：感觉他们在学习时并不刻苦，学习成绩却非常好，有时候甚至想和他们狠狠地大吵一架，然后质问他们为什么能够得到上天的偏爱，轻轻松松就能考得好成绩。那么，他们真的是被上天偏爱，获得了在学习方面独有的天赋吗？心理学家经过研究发现，除了极少数天赋异禀和极少数天赋特别不足的人，大多数人的先天条件相差无几。既然大家的先天条件差不多，那为什么会出现严重的两极分化呢？原因在于是否善于学习。

那些不善于学习的人，就算在学习上付出再多的时间和努力，也不会有良好的学习成绩和学习效果。善于学习的人从不死学，而是机智灵活地对待学习，所以这些人总是能轻松地学习、愉快地玩耍。与那些在学习时想着玩耍的孩子不同，善于学习的人，在学习时就会将全部的精力用在学习上，玩耍的时候就不想学习的事情，放心大胆地去玩。他们虽然没有将全部的时间都用来学习，但是学习效率却很高。

我们必须要准确区分学习和玩耍，否则就会出现这样的情况：学习时注意力不集中，最后考不了好成绩，玩耍时总想着糟糕的成绩，

玩也玩不好，这样只会白白地浪费时间，一无所获。在学龄期，玩与学是我们人生中非常重要的两件事情，当我们学会平衡这两件事情时，就会做到专注地学，尽兴地玩。相反，如果我们无法分清这两件事情之间的关系，无法适当地做出取舍，即学习时总想着玩，玩耍时总惦记着没有完成的作业，那么我们就会非常痛苦和无助。所以，我们如果想在学习上有所成就，想考得好成绩，就要区分清楚学习与玩耍，该学习时学习，该玩耍时玩耍。

晴晴是一名五年级的学生，在妈妈的监督下，晴晴的成绩一直都很好。但是随着年纪的增长，晴晴逐渐有了自己的想法，不想再受妈妈的"掌控"。

周日，晴晴一直在看动画片，妈妈好几次催促她去写作业，她却始终不动。最后妈妈大声说："你都看两个小时的动画片了，赶紧去写作业。"说着就把电视关了。

晴晴生气地说："妈妈，你怎么这样，星期天你都不让我好好看动画片。"

妈妈说："你把作业写好，没什么事情了，再看动画片不是更好吗？"

晴晴说："我就想先看动画片，然后再写作业。"

妈妈看晴晴今天有点儿反常，故意说："可以，你可以选择先看动画片，然后写作业。"

晴晴看妈妈如此配合自己，乐呵呵地又去看动画片了。看完动画片后，晴晴有点儿困，趴在床上就睡着了。晴晴醒过来时，已经是周一，她想起没写的作业，急得都快哭了。

妈妈说："昨天让你先写作业，你不听，这下谁也怨不了，只能怨你自己，到学校只能被老师批评了。"

晴晴再也忍不住了，哇的一声哭了起来。妈妈并没有哄她，只是在一旁说道："别哭了，快去上学吧，妈妈帮不了你。"

傍晚，晴晴回家后就进了房间，妈妈到房间一看，晴晴正在写作业。晚饭时，妈妈说："晴晴，快吃饭吧，吃完饭再写作业。"

晴晴却说："我要写完作业再吃。"

妈妈看晴晴这样，真是既心疼又好笑。晴晴写好作业后才吃饭，她说："妈妈，我终于知道您为什么让我先写作业再看动画片了。"

妈妈说："那你跟妈妈说说为什么。"

晴晴说："如果先看动画片的话，我的心一直沉浸在动画片中，就没有写作业的心思了，而且看动画片的时间一长，我就会犯困，这样我就更无法写作业了。"

妈妈说："你说得没错，吸取这次教训，下次就不要再犯同样的错误了。"

晴晴说："是的，我以后会先写完作业再看动画片，那样心情会很放松，动画片会显得更有趣。"

当我们无法分清学习和玩耍之间的关系时，就会出现错误的行为，即写作业时玩耍，这样不仅会延长完成作业的时间，还会缩短愉快玩耍的时间。所以，只有学习的时候专心致志地学习，玩耍的时候尽情尽兴地玩耍，我们才能轻松、快乐地学习和玩耍。

我们学习的道路还很漫长，所以一定要好好地安排学习和玩耍的时间，合理地分配学习和玩耍的精力。

读书启发

玩时尽兴玩，学时专注学。这样，我们玩的时候开开心心，学习的时候精神集中，效果会更好。不然，该玩时不玩，不能尽兴；该学时不学，精神无法集中，哪一样都没法儿做好。还不如先学习，然后轻轻松松地玩。

专注力是可以培养的

　　成功人士具备的一项能力是专注力。由此可见，专注力对我们来说十分重要。但是，专注力不是一成不变的，稍不注意，它就会离我们而去，影响我们获得成功。

　　大脑进行感知、记忆、思维等活动的基本条件是专注力，它影响着我们的学习效率和质量。总有人说："我是一个天生注意力不集中的人，我没办法集中精力去学习，就算训练也无法提高我的专注力。"其实，这句话并不正确。注意力不集中不是我们不好好学习的借口，

爸爸，我总是没办法集中精力去学习，这是怎么回事呢？

那是因为你没有明确的学习目标、端正的学习态度和较高的学习积极性！

因为专注力不是生来就注定了的，而是可以培养的。我们之所以无法集中精力去学习，是因为没有明确的学习目标、端正的学习态度和较高的学习积极性。其实，这些问题都能解决。

此外，专注力与大脑发育程度息息相关。现阶段的我们，大脑处于发育期，还未发育成熟，所以无法长时间集中注意力去做一件事情。这是一种正常现象，只要下定决心养成注意力集中的习惯，后期就一定可以将精力集中在学习上。

那么，什么方法能提高自己的专注力呢？

一、培养浓厚的学习兴趣

如果我们仅凭意志上的努力，把注意力放在不感兴趣的事情上，那么我们很难长时间坚持做一件事情。但是我们一旦对学习产生浓厚的兴趣，就会专心学习，而且越学越有劲。

二、树立学习的责任心

任何一个有责任感的人都会约束和管理好自己，让自己全神贯注地学习，提高学习效率。如果我们能清楚地知道学习的意义，那么我们好好学习的意志就会坚定，学习时的注意力就会集中。

所以，我们在学习中，要在心里有一个明确的目标。例如，做好每节课的课堂笔记，按时完成老师布置的作业，本学期应该取得怎样的成绩，等等。通过以上方法来严格要求自己，我们在学习中注意力就会高度集中，就算一时分心也能在极短的时间内把心收回来。

三、养成制订计划的习惯

不管做什么事情，都要有计划地进行。制订计划以后，我们做事就会有方向，就会明白事情的主次轻重。我们可以在每天清晨趁着头脑清醒的时候，制订一天的学习计划。这个计划不需要太过详细，但是非常有必要，它能为我们确定一天的学习目标和方向，让自己在学习中变得专注，从而提高学习效率。

四、排除周围的干扰

生活是多姿多彩的，充满了各种诱惑，好吃的、好玩儿的、新奇的事物都是干扰我们学习的因素，都能转移我们的注意力。

所以，为了不受外界因素的干扰，应该将那些转移我们注意力的事物排除在外，如玩具、电视、手机等。换句话说，我们如果想要认真学习，就要心无旁骛地去学；如果有影响自己学习的因素，就想尽一切办法将这些因素排除。

五、合理安排学习、休息的时间

除了会学习，还要会休息，只有这样我们的注意力才会高度集中。比如我们可以学习 50 分钟，休息 10 分钟。之所以要学会休息，是因为我们注意力集中的时间是有限的。

正常情况下，当我们的大脑过于疲劳时，注意力就会下降，一旦出现注意力下降的情况，就应该停下来休息一会儿。如果强迫自己继续学习，那么学习效率会受影响，不利于学习成绩的提高。

六、不要试图一心多用

为了提高办事效率，很多人喜欢在同一时间内做好几件事情，这种方法确实能够节省不少时间。但是，在学习中，切忌使用这种方法，因为学习需要的是效率和专注，这种一心多用的方法并不适合。因为我们的能力有限，还没有足够的经验来统筹安排学习，所以在学习中如果采用一心多用的方法，就很可能让自己一事无成。到了该学习的时间就要好好学习，将所有的精力都投入到学习中，其他的事情就等学习结束之后再做。

在学习的过程中，如果能有意识地培养自己的专注力，并充分地应用它，我们的大脑就能始终保持专注状态，那么不管是在课堂上，还是课下写作业时，都不会有分心的状况。要是长期在注意力高度集中的状态下学习，我们就能有意想不到的收获。

读书启发

学习需要专注力，如果我们专注力不足，是可以通过一系列方法培养的，比如培养学习兴趣、除去环境的干扰因素、规律作息等，这样长期坚持，我们就能在学习时专心致志，提高学习效率。

第 六 章

业精于勤，
学习要努力拼搏

跑在时间的前面去学习

　　闹钟是大家耳熟能详的一件物品，它不仅能让我们按时起床，还能限定我们完成学习任务的时间，进而提升我们学习的紧迫感，让我们争分夺秒地学习，提高我们珍惜时间的意识。作为一名学生，你有自己的闹钟吗？也许有的学生会说：现在是 21 世纪了，没有人用闹钟，都是用手机定闹铃！那么，你用手机定过闹铃吗？如果有的话，周一到周日定的时间一样吗？如果不一样，那么周末会比平时推迟多久呢？

　　曾有时间管理专家指出，如果学生想让自己的学习成绩保持稳定或让成绩有所提高，就要每天按时起床，即使是在周末，也不要把闹铃调得很晚，应该和平时一样。也有学生抱怨平时的睡眠时间不够，需要在周末补充睡眠，但是也不要起得太晚。在平日睡眠时间的基础上，只需要多睡一个小时，就可以达到目的。如果比平时多睡好几个小时，那么上午的时间就会在睡梦中流逝，本来周末是整整一天的学习、玩耍时间，最终就会变成半天。由此可见，要想把周末的时间利用起来，就要做到早睡早起。

　　很多孩子都有拖延症，不管是在生活中，还是在学习上，他们都

不愿意提前把事情做好，而是等到火烧眉毛的时候才开始做。这是一种非常不好的习惯，拖延一两次也许不会对我们的生活造成严重的影响，但我们一旦养成拖延的坏习惯，那么不管做什么事情都想拖延，长此以往，就会产生较大的危害。其实，学生拖延的原因各不相同，一部分是因为胆怯而拖延，而大多数学生是因为没有时间观念而拖延。因此，我们从小就要有珍惜时间的意识，形成正确的时间观念，这样才能让自己快速行动起来，改正拖延的坏习惯。

　　林诚是某地的富豪，富甲一方，但他童年时期的生活非常艰苦。林诚小的时候，家里非常贫穷，他只能辍学，用自己的双手挣钱养活家人。林诚曾在一家报社做送报员，工作的内容就是早早地起来，挨家挨户地送报纸，送完报纸后在报社打杂。为了不耽误工作，他每天都会把手表调快十分钟，这样就能早早地到报社，然后准备一天的工作。正是这份工作，让林诚养成了珍惜时间的好习惯，这个习惯让林诚在与时间的赛跑中，总是超前 10 分钟。正是凭借这种领先于时间的优势和努力进取的精神，他获得了很大的成就。

像林诚那样把时间调快 10 分钟，听起来容易，做起来却很难。因为它不仅仅是把时间调快那么简单，还需要我们在时间的催促下加快工作速度，只有这样才能真正地跑在时间前面，充分利用时间。

时间是生命的重要组成部分，浪费自己的时间等于慢性自杀。我们年纪比较小，还有较多时间让我们利用，但是时光催人老，它在不经意间就流逝了。所以，我们要珍惜时间，在有限的时间内做更多有意义的事，最大限度地拓展生命的宽度，让我们的生命变得充实且美好。所以，从现在开始，让我们好好利用闹钟，进而养成珍惜时间的好习惯，始终跑在时间前面，在时间赛跑这场比赛中取得胜利！

读书启发

时间是有限的，也无法倒流，如果我们浪费时间，就没有多少时间去学习了。所以，我们要学会珍惜时间，约束自己，按时学习，不要养成拖延的习惯。

懒惰是美好明天的绊脚石

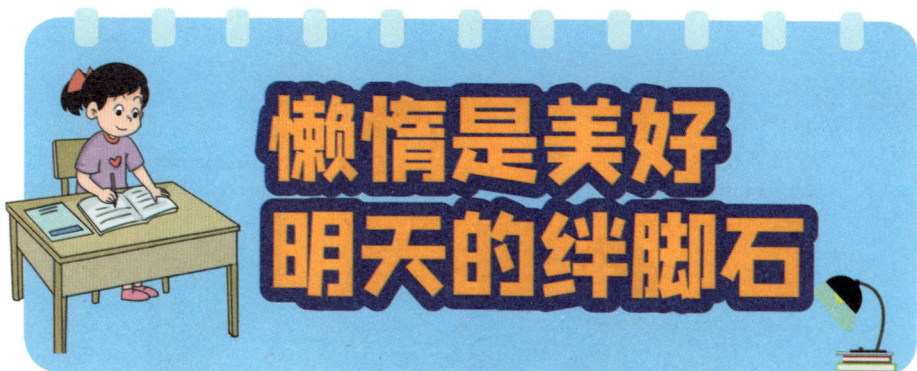

学习最忌讳的就是懒惰。懒惰就像一个恶魔控制着我们的思想，让我们失去学习的动力，一旦染上懒惰的恶习，就会对我们造成很多不利的影响。懒惰在每个人的身上有着不同的表现形式和程度。比如长时间聊天儿就会不想动脑学习；沉迷于游戏中，就算知道有很多事情等着自己去做，也不会立刻行动起来；办事总是拖拖拉拉；还没开始干活儿就拈轻怕重，重活儿、累活儿总是推给别人去干；执行力特别差，总想着付出很少的努力来获得最好的结果……

喜欢不劳而获是懒惰的人共有的特征，他们什么也不想做，只想窃取别人的成果。

一位大学老师在上课时，曾向台下的学生提出这样的问题："你们觉得人与人之间的共性是什么？"有学生回答是吃和喝，有学生回答是睡觉，等等。当这位老师准备说出答案时，一名男同学站起来说："老师，是懒惰。"老师惊讶地看向男同学说："为什么是懒惰呢？"那名男同学说："世界上的人都想不劳动就能获得财富，不劳而获是人类的通病，而

妈妈，我不喜欢做事情，只想看电视！

明明，懒惰可是成功的绊脚石哟！

这种现象的根源就是懒惰。"

　　的确，懒惰是所有人都可能染上的一种恶习，它不仅是我们学习路上的绊脚石，还是我们成功路上最大的敌人。作为学生，我们一旦被懒惰这个恶魔盯上，就会变得怨天尤人、无所事事、毫无上进心，更别说取得好成绩了。懒惰一旦侵蚀我们的心灵，就会使我们连一个小土坡都不愿意爬上去，连最简单的困难都不愿意战胜。有些人活了一辈子，回过头来发现自己碌碌无为，一事无成，这便是懒惰的结果。

　　张雪从小就非常聪明，凭借努力考上了自己理想的大学，大学期间却渐渐懈怠起来。大学四年的学习马上就要结束了，张雪的导师布置了一个毕业论文，要求她好好准备，否则的话会延迟毕业。张雪的毕业论文非常难写，每次她一想到要查阅大量资料就不想写了，就这样越拖越不想动脑筋写，每天都是

日上三竿才起床，整个人看起来非常没有精神，更别说写毕业论文了。眼看日子一天天过去，明天就是毕业答辩的时候了，张雪非常着急，心想写总比不写好，所以就去网上随便找了一篇论文。谁知在毕业答辩那天，台下的导师一眼就看出来张雪的论文是抄袭的，最后老师延迟了张雪的毕业时间。

我们周围像张雪一样的学生有很多。正是因为懒惰，他们的雄心壮志渐渐被侵蚀了，取而代之的是对未来的迷茫。懒惰不仅会侵蚀人的心灵，让我们神经麻木，缺乏应变能力，还会引发各种生理疾病，影响社会风气等。

如果我们想拥有健康的身体，成为一个对家庭负责、对社会有用的人，那么我们就一定要改掉懒惰的恶习。虽然克服懒惰是一件非常困难的事情，但是只要下定决心改掉懒惰的坏习惯，并且拥有强大的意志力，坚持不懈地去改正，那么在未来还是会取得一番成就。

读书启发

人一旦懒惰，就很少使用肌肉和大脑，不想着怎样靠自己的双手获得一切，却总想着去掠夺他人的东西，还会影响身体健康、社会风气，对自己、对他人都有害无益。所以，无论学习、生活，我们都不要懒惰，而是要努力拼搏。

读书要善于利用碎片时间

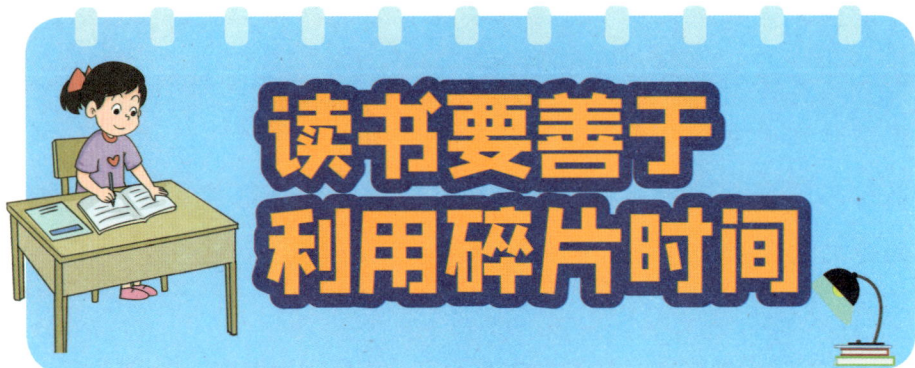

如今，每个人在快节奏的社会中都过得无比充实，往往很难空余出大量的时间读书。在学习任务很多的情况下，我们就无法读书吗？答案是否定的。用整块的料子做出的衣服质量固然好，倘若家境贫困，找不到整块的料子，也可以将零碎的布料整合，拼接组成一件衣服，不仅看起来独具特色，而且也能御寒保暖。同理，我们也可以利用碎片时间来读书。经过坚持不懈的努力，我们终将有意想不到的收获。

问题来了，哪些时间算得上零碎的时间呢？零碎的时间，顾名思义，指除去整块时间剩下的小段时间，比如每天如厕的时间、等地铁的时间、排队洗漱的时间等。鲁迅先生说："时间就像海绵里的水，只要愿挤，总还是有的。"这些短暂的时间似乎不值得一提，但只要将这些时间加以整合，就会产生特别强大的效用。

需要注意的是，这些零碎的时间用来做需要长时间专心致志才能办好的事情是不可取的，却能用来完成很多小事情。例如，构思需要写的文章，或者是积累个别单词，或者是阅览几页书。量变渐渐地积累到一定程度就能产生质变，最终成就飞跃。

爸爸，快考试了，可我没时间复习怎么办？

时间就像海绵里的水，挤挤总会有的，你要善于利用碎片时间！

菲菲背单词很慢，爸爸为了提高菲菲背单词的效率，给她买了一本单词书。单词书采用图文结合的方法帮助记忆，菲菲虽然对上面生动的插图、鲜艳的配色很感兴趣，但对背单词这件事缺乏动力。爸爸便把单词书撕成一页一页的，把那些写着单词的书页贴在客厅的墙上、餐厅的桌子上、洗手间的镜子上，还有菲菲卧室的门上。菲菲每次在客厅看电视时、到餐桌上吃饭时、去洗手间刷牙时、进卧室睡觉前都能看到这些单词，久而久之，便将单词牢牢地记在心里了。爸爸也会根据菲菲的学习情况定期更换单词页。一个月以后，菲菲居然把书里的单词都记住了。爸爸趁机引导菲菲："菲菲，一定要学会利用零碎的时间。你每天看一点儿，一个月的时间，就把整本书的单词记住了。可见，学习是需要日积月累的。"菲菲点点头，对爸爸说："我以前看单词书只看爱插图，对背单词没有兴趣，现在才发现背单词并没有那么难。"爸爸再次指点她："生活中还有许多这样零碎的时间，比方说，你可以在上学等车的时候听英语。或许两三天看不出效果，但是长期坚持下去，就会有不小的改变，不管是你的英语听力水平还是口语水平，都会有明显的进步。"

经过爸爸的指导，菲菲年纪不大就养成了珍惜时间的好习惯，而且她非常善于利用零碎的时间来学习，因此取得了优异的学习成绩。

我们不仅要养成良好的时间意识，培养自己珍惜时间的好习惯，还要懂得见缝插针，合理利用零碎的时间。毕竟人的一生有限，抛去一日三餐、睡觉和听课的时间，我们能运用的时间少之又少。"不积跬步，无以至千里；不积小流，无以成江海。"学习并非一蹴而就，而是需要积水成渊，聚沙成塔。对此，我们一定要养成珍惜时间、合理运用零碎时间的好习惯，如此方能积少成多，查漏补缺，丰富自己的知识面。

读书启发

零碎的时间都很短暂，无法用来做大事，但也可用来做一些零星琐事。所以，我们要珍惜眼下的零碎时间，不要再因为它短暂而对它不屑一顾。长此以往，我们定能在零碎时间里收获成功的喜悦。

勤奋学习，需要合理的计划

古训说："凡事预则立，不预则废。"对于读书学习而言，如果想学有所成，就需要制订一个可行的学习计划，才能保证读书学习的顺利。而且，学习计划还能确保我们的读书学习具有条理性。根据计划由浅入深地学习知识，养成按部就班的学习习惯，才能构建完整的知识体系，达到事半功倍的效果。

但是，很多人在实际生活中进行学习的时候，总是漫无目的、没有计划的。例如，临近考试才开始复习的时候，面对堆案盈几的书却

> 新学期开始了，昊昊，你有什么新计划呀？

> 我没有计划呀！难道还要制订计划吗？

> 有句话说得好，"凡事预则立，不预则废"！

不知从何下手，或是随便拿起一本书就看，或是只选择看自己喜欢的书。这种学习方式产生的效果是微小的。我们如果不知该如何合理地规划时间、高效地学习，前人的经验可供我们借鉴，例如世界著名的发明家爱迪生的读书计划。

爱迪生 12 岁时在火车上卖报纸，火车每天都会在终点站滞留几个小时，而那里恰好有个图书馆，热爱学习的爱迪生便成了图书馆的常客。

一天，爱迪生和往常一样坐在图书馆里看书，一位绅士走过来问他："我经常在这里看到你，请问你读了多少书呢？"

爱迪生对他说："我已经读了五米高的书了。"

绅士笑了："五米呀，真是令人佩服。请问你读书是带着明确的目的去读吗？根据我的观察，你今天读的书与以前读的书性质不太一样。你是不是随便读的呢？"

爱迪生反驳他："不！我是按照顺序读的。我下定决心读完这个图书馆里所有的藏书。"

"你有这样远大的志向，实在是精神可嘉！"绅士先是赞扬了他的决心，随后提出了另一番见解，"但是你的这种读法很浪费精力。你首先应该有一定的目的，再制订一个计划，然后按照计划去选择相关书目，循序渐进地读，这样就会取得更好的效果。这种读书方法才是实用的。"

听了绅士的观点后，爱迪生豁然开朗，从此开始有目的、有计划地读书学习。

后来，爱迪生为了研发电灯，常常阅读图书馆里的相关书籍，从书中选取可取的部分摘抄。光是使用的笔记本就多达二百本，总计四万多页。正是这种有目的、有计划的学习方法，帮助他取得了"世界发明大王"的荣誉称号。

从爱迪生读书的故事中，我们可以总结出一个道理：要想提高学习效率，就要事先制订出学习计划。我们不能生搬硬套他人的计划，而要根据自己的知识水平，探索出一套最适合自己的计划。下面这些关键之处，是我们每个人制订计划时应该设想到的。

一、目标要合理

学习计划分为短期计划和长期计划。长期计划指的是我们要达到的总体学习目标。制订长期计划时要心怀大志，统筹规划，目标应该合理，既不能好高骛远，也不能不思进取，要量力而行。目标过高，不断努力依然难以达到，就会产生无助心理；目标过低，过于容易达到，就不能促进学习。

短期学习计划要根据我们的日常习惯来制订。我们可以先尝试列出小计划，例如几天看一本名著，学习作者的表达方式，体会名著的中心思想，每天看多少页，每天记住多少好词佳句，或者写读书笔记，等等。然后我们逐渐将小计划过渡到大计划，培养自己的阅读习惯，便于自己实行下一个学习计划。

二、科学安排学习时间

制订学习计划时要把完成计划需要的时间考虑进去，应该将听课、写作业、做习题、课外锻炼、休息、吃饭等每天需要进行的活动都包含其中。所以，我们应该把学习计划中的项目逐一细化，分配到每一天、每一周、每个月，再通过详细的时间分配推算出我们能够专心用于学习的时间有多少，然后依据个人的实际情况制订出劳逸结合的计划，使其具有可行性。

三、学习计划必须坚持

列出计划之后，我们要不断监督自己去实行，不要只是三天打鱼，两天晒网，只保持三分钟的热度，没过几天就将计划抛到九霄云外了。对此，我们要有坚定的信心、顽强的意志去实行。所谓"志不强者智不达，言不信者行不果"就是这个道理。

总而言之，我们制订学习计划，目的是用它来提醒和确保自己按计划去做，让我们坚持不懈、有的放矢地完成学习任务，而不仅仅是纸上谈兵。计划赶不上变化，再详细的计划在执行时，也难免会有些许改动，但是不能因为遇到障碍就不按计划执行。

读书启发

读书学习随意不得，需要有计划地进行，不然像个没头苍蝇一样。但人与人又各有差异，所以制订计划时，要结合自己的实际情况，制订一个科学合理的、可实行的计划，然后长期坚持下去，使我们的学习更有条理。

第七章

直面挫折，
学习需要坚持不懈

直面挫折的人，才能茁壮成长

　　浩瀚的大海有风平浪静的时候，也有惊涛骇浪的时候，而人生就像航行在海上的小船，既有一帆风顺的时候，又有遇到挫折的时候，这样的人生会带给我们不一样的情绪体验。在挫折面前，有的人会一蹶不振，有的人则迎难而上、奋发图强。

　　学习也是如此，我们会遇到各种难题，如理解不了老师讲解的知识，碰到不会做的数学题等。遇到这些问题是再平常不过的事情，重要的是我们能否以一颗平常心来解决这些难题，敢于解决难题的人会在挫折中成长，而逃避难题的人会被挫折打败。

这些题我全都不会，这可怎么办哪？

黑板报

遇到问题当然要迎难而上喽！

现阶段的我们，认知能力和心理发展还不够成熟，遇到挫折时，无法及时做出正确的判断，很容易出现偏激的行为，这非常不利于我们的健康和发展。所以，学会处理难题、学会应对挫折非常重要。

有人认为学习是一件非常困难、痛苦的事情，其实学习并不难，就是一个由浅入深、由易到难、由不懂到懂的过程，在这个过程中遇到挫折并不是丢人的事情，因为每个人都会经历。所以我们遇到困难时，千万不要因为一点儿挫折就认为事情到了一发不可收拾的地步，也不要认为这些困难让自己抬不起头来，只有勇敢地面对挫折并想方设法地战胜它，才是正确的做法。

程明是班里的尖子生，每次考试都是第一名，老师们都非常看重他，程明也一直认为自己在高考的时候能考个好成绩。但是，高考的时候因为种种原因，程明并没有成为高考状元，也没有考出自己理想中的成绩。知道成绩后的程明很迷茫，不知道是复读还是就按照这个不高不低的成绩随便报考一所大学。

程明的班主任知道程明的状态后，主动去他家找他，对他说："一次的失败不算什么，这次考得不好，说明你还有不足的地方，知道了自己的不足，反而更能让你找到努力的方向，进而奋发图强。"程明眼泛泪花，看着班主任说："老师，您说得对，这次考试我就当作一次找到自己不足之处的机会，我不甘心就考到这样的成绩，下一年我一定考出自己理想中的分数。"就这样，程明决定复读，在第二年的高考中，程明考上了自己理想中的大学。

从上面的这个案例中，我们不得不赞叹程明的班主任的远见卓识。如果不是班主任的话，以程明的状态，他可能不会复读，更不会有后来的好成绩。正是因为他有着不达目的绝不罢休的坚韧精神，才能在班主任的提醒下重新振作起来，努力学习，奋发图强，最后考上理想的大学。

不仅是案例中的程明懂得迎难而上、直面挫折的道理，从古至今，许多名人都是遇到挫折不放弃才会取得巨大的成就。《史记》是我国历史上第一部纪传体通史，它是司马迁忍受着巨大的屈辱写成的；《命运交响曲》是贝多芬双耳失聪后创作的。从上面名人的例子中可以看出，只有直面挫折，才能有所成就。所以，如果我们也想像司马迁和贝多芬一样有所成就，就要直面挫折。

读书启发

学习中遇到挫折是很正常的，我们千万不要被它吓倒，而要勇敢面对、迎难而上、努力克服它。这样，挫折对我们来说反而是成长促生剂，让我们看到自己的不足，然后纠正自己的错误、弥补不足。只要我们不畏挫折、努力拼搏，成功就会向我们招手！

面对困难，对自己说"我能行"

　　俗话说："有志者事竟成。"一旦下定决心要做成一件事，人们就会在坚定的意志下，努力去做，应对所有困难，最后取得成功。假如我们确定了一个目标，无论前方道路多么艰难，我们都应努力去解决各种难题，最终完成这件事情。如果我们渴望有所成就，那么不论前方遭遇何种艰难险阻，只要我们坚定地相信自己，就有很大可能取得成功。因为坚定的意志常常能够赋予我们无穷的力量，引领我们逐步走向胜利。所以，当我们遇到困境时，应该对自己说："我能行！"

097

我们都听说过乒乓健将张怡宁，她被人称作"大魔王"。之所以被称为"大魔王"，是因为她的球技实在是太强了，几乎没有女性选手是她的对手。但是你知道吗，她学乒乓球之初，也遭受过挫折。

在张怡宁四五岁的时候，有一天家里的电视上播放着《排球女将》，排球女将们的飒爽英姿顿时让她痴迷了。她从此爱上了排球，并在家里挂上气球苦练"晴空霹雳"。妈妈看到女儿如此热爱运动，就给她报了乒乓球学习班。

从此，每到放学后，张怡宁就会飞奔到学习班学习乒乓球，一直学到晚上六七点钟。

九岁时，张怡宁第一次代表北京市东城区参加乒乓球大赛。由于平时的刻苦练习，她一路所向披靡，轻松地进入了决赛。但在决赛中她遇到了对手，比分拉成 15∶13，对方领先。张怡宁脑子一下子蒙了，没想到会遇到如此强的对手，她使出浑身解数，仍然打得很吃力，一时乱了方寸。她的教练见势不妙，就激励她说："越是到关键时刻就越要沉住气，不要被眼前的困难吓倒。"张怡宁听了教练的劝导，开始找对方的漏洞，慢慢地将比分拉了上去。对手见比分拉近，一时慌了神儿，张怡宁抓住机会，一举赢得了比赛。

从此，张怡宁的人生走向了巅峰。2001 年，她获得第 46 届世乒赛女团冠军。2004 年，她在雅典奥运会上获得女子双打冠军，同时获得女单冠军。2005 年，她取得第 48 届世乒赛女单冠军。2006 年，她在德国世乒赛中赢得了考比伦杯。2008 年，她在北京奥运会上获得女团冠军，并成功卫冕女单冠军。

张怡宁在遇到困难时并未选择放弃，而是选择面对困难，相信自己，最终取得了成功。

我们不能畏惧困难，因为它能磨炼人的意志，有助于我们更好地成长。只有让自己去经历风雨，才能成长为一个有用之才。

俗话说："困难像弹簧，你强它就弱，你弱它就强。"遇到困难时，不应该责备自己，而是应该多鼓励自己，让自己勇于接受生活的挑战。有人曾说："若将孩子比作一把刀，那么困难就是'砥石'，为了让孩子更锋利一些，就要让他们直面困难，努力地寻找解决问题的途径。"

睿宸看到班上其他同学课间都在滑旱冰，他也想参加，于是跟爸爸说自己要学滑旱冰。

爸爸很严肃地对睿宸说："学滑旱冰可以，我支持你，但你要有始有终，不能半途而废。"

睿宸很有信心地说："爸爸你放心吧，我一定能学会的！"于是，爸爸就领着睿宸高高兴兴地学滑旱冰去了。

开始，睿宸滑得不平稳，需要爸爸从旁协助。爸爸为了让睿宸进步快一些，就把他带到其他孩子滑旱冰的场地，让睿宸先看一下其他孩子是怎样滑的。

看到其他孩子滑得又好又快，睿宸跃跃欲试。但是，他自己滑时总是无法掌握平衡，旱冰鞋无法向前移动。睿宸累得满头大汗，大声喊叫道："爸爸，快来扶我！"

爸爸耐心地对他说："你一直让我扶着，自己就无法保持平衡，你要想办法自己学会保持平衡才行。"

听了爸爸的话，睿宸觉得有些道理，就试着自己滑行，竟然滑出了好长一段距离。但很快，睿宸就因为无法保持平衡而摔倒了。他疼得"哇"的一声哭了起来，自言自语道："我再也不想学滑旱冰了。"

爸爸看到睿宸想要放弃，就严肃地对他说："你忘了你答应过爸爸，不能半途而废，要学就一定要学会，不能遇到一点儿困难就退缩不前。"

睿宸觉得如果现在放弃，爸爸肯定不会同意，于是硬着头皮继续学滑旱冰。在摔了几次后，睿宸慢慢地学会了如何掌握平衡，并能滑行好长一段距离。

从上面的故事可知，成长过程中难免会碰到各种各样的困难。我们不能一遇到什么困难，就乞求父母出面帮我们解决，这样不但会让我们难以找到解决问题的办法，而且会产生依赖心理，丧失解决问题的信心。只有直面困难，我们才会解决困难，获得成长。

读书启发

我们难免会在生活、学习中遇到困难，但千万不要一遇到困难就退缩，或者找爸爸妈妈帮忙。其实，只要我们相信自己，勇敢面对，努力去克服，总会找到解决难题的办法。那时，我们会发现，其实困难也并不那么难。

成功需要坚持不懈的精神

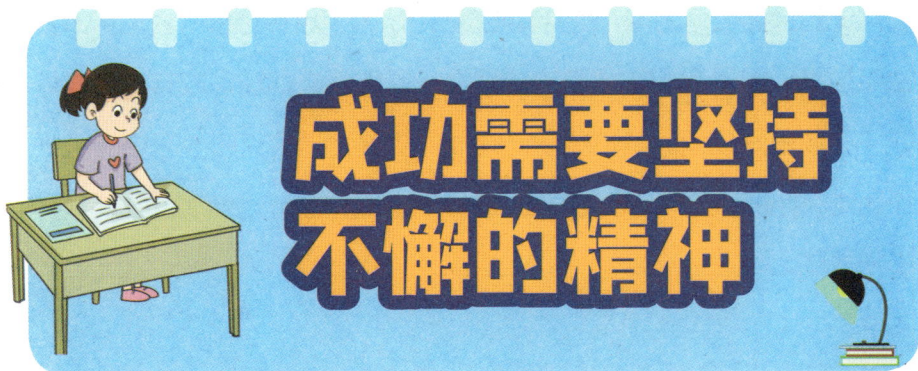

"只要功夫深，铁杵磨成针"，只有坚持不懈才能取得成功。只要做事持之以恒，就一定会有所收获。

荀子在《劝学》中这样说道："骐骥一跃，不能十步；驽马十驾，功在不舍。锲而舍之，朽木不折；锲而不舍，金石可镂。"荀子以此来比喻做学问要有持之以恒、坚持不懈的精神。不少孩子因为作业多、学习累而产生放弃学习的念头，慢慢失去学习兴趣，归根结底是因为没有坚持不懈的精神。

学习的阶梯，越走越难，这可怎么办哪？

"只要功夫深，铁杵磨成针。"只有坚持不懈才能取得成功！

学习

　　无论遭遇任何困难，我们都要直面它，为了目标持续不断地努力，决不放弃。如果我们在学习的过程中一遇到困难就轻言放弃，最终肯定不会收获好成绩。我们要学好每一门功课，学会克服学习中的每一个困难，朝着自己的目标走下去，这样一来，总有一天我们会达成目标，有所成就。

　　"床前明月光，疑是地上霜。举头望明月，低头思故乡。"这首耳熟能详的诗大家都听过吧，这首诗的作者就是大名鼎鼎的李白。李白小时候跟大多数孩子一样也不喜欢读书。一天，他趁老师不在，就偷溜出去玩。他来到河边，远远地看到一个老婆婆在石头上磨一根铁杵。李白觉得很奇怪，就问老婆婆："铁杵这么粗，您磨它做什么？"老婆婆慈祥地说："我在磨针。"李白更加不解地问："铁杵如此粗大，要把它磨成绣花针，要磨到什么时候哇！"老婆婆耐心地解释道："只要每天坚持，日积月累，还怕磨不成针吗？"李白听后，想到自己由于学习难，而不想学习，跑出来玩，跟老婆婆比起来，顿觉羞愧不已，于是回到学堂，耐心地听老师讲课去了。从此他牢记"只要功夫深，铁杵磨成针"的道理，读书有不懂的地方，就认真请教老师和同学，最终功夫不负有心人，成了受人欢迎的伟大诗人。他创作的《将进酒》《望庐山瀑布》《黄鹤楼送孟浩然之广陵》等诗篇，都被人广为传颂。

　　从上面这个小故事中我们可以知道，学习需要持之以恒、坚持不懈。在故事中，老婆婆的话让年幼的李白明白了这一道理。这同样是我们

应该学习的。

有些人提出质疑：坚持不过是重复着那些看起来毫无新意的内容，是每天都要为了一个目标而努力，这不是非常无趣吗？当然，坚持可以是自己的主观愿望，可以凭着自己的意志力将它持续下去；坚持也有可能是被迫无奈的，在坚持中肯定会遇到自己不愿去做的事情。但不管怎样，只要开始行动，就算它很无趣，长此以往，也一定是有意义的。

总而言之，一件普普通通的事，如果能坚持到底绝非易事。做一件事并不难，难的是每天都重复做同一件事。学习要有持之以恒的精神，学有所成需要知识的长期积累，其实这也是在磨炼我们的耐力和意志。只有具备坚持不懈的精神，我们做事情才可能取得成功。

读书启发

成功往往不是一蹴而就的，它需要长期的坚持。在学习的道路上，我们也总会遇到各种荆棘和阻碍，也会有觉得无聊的时候。但我们要坚持下去，相信坚持总会有收获，遇到困难，也继续前行，不达目的誓不罢休。这样，我们才会离成功越来越近。

不断自我激励，才能坚持到底

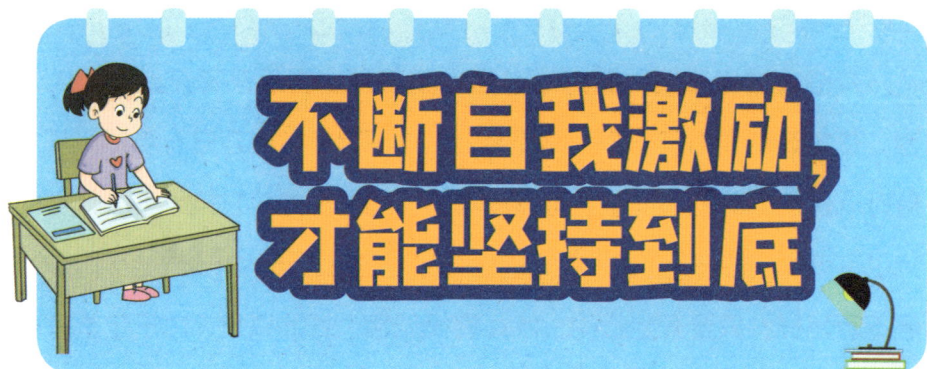

美国心理学家威廉·詹姆斯指出："一个没有受到激励的人，仅能发挥其能力的 20%~30%，而当他受到激励时，其能力可以发挥 80%~90%。"由此来看，激励的作用是巨大的。善于自我激励的人，取得成功的概率会更大。

每个人都应该拥有自我激励的能力，只有善于激励自己，才能拥有坚韧的心理素质，不畏难关，不断前行，不惧挫折，健康成长。

我是不是就不适合学习？

这太难了，我根本不会！

你要激励自己，不畏难关，不断前行，而不是打击自己，贬低自己呀！

这怎么可能学会呀！

我一定不行的！

王亮上初二的时候，各科成绩都不错，唯独物理每次都是勉强及格。对于王亮的成绩，王亮的父母和老师并没有说什么，因为他们知道王亮向来很努力，不想再给王亮更多的压力。

当然，王亮是个要强的孩子。他自知物理不好，于是每天抽出大量的时间做物理题。他一直相信，只要自己再努力一点儿，物理成绩就一定能提高。课余时间，他主动向物理成绩好的同学请教，总结易错点，十分认真。

虽然王亮的成绩并没有很快提高，但他并没有灰心，一直相信自己每天都在进步。努力了一个学期后，在期末考试中，王亮的物理第一次考到了80分。

中考时，除其他学科，王亮的物理也考了高分，从而顺利地考上了重点高中，让父母和老师都为之骄傲，也让其他同学刮目相看。大家意识到：相信自己，不断激励自我，努力去学，就能有收获。

案例中的王亮学习自主性很强，而且善于自我激励，在物理成绩落后的情况下，不懈努力，最终取得了好成绩，这种学习态度和自我激励的品质值得每一个学生学习。

其实，很多学生都知道成绩很重要，也知道自己某一科不尽如人意，需要格外用功，但就是没有斗志，换言之，就是缺乏自我激励的品质。他们想要好成绩，但面对低分却只会自怨自艾，努力了几天，看不到结果，就灰心了，就告诉自己"努力也没用，这科我就是学不会"，然后就放弃了，连再试一次都不肯。

事实上，无论是学习还是生活，道理都是一样的：面对挫折，面对难题，只有不断激励自我，坚持到底，才能攻克难关，达成所愿。

人生最怕的就是只有三分钟热度，半途而废。而人生最值得颂扬的就是持之以恒，百折不挠的精神。

在学习上，自古就有"头悬梁，锥刺股"的故事。所以说，要想在学业上有所进步，关键就在于有坚定的决心，并能在努力过程中不断自我激励，用顽强的意志坚持到底。

学习靠的就是勤奋和坚持，只要相信自己可以，我们就有学习的动力，就有持之以恒的毅力。事实上，只有认同自己，并相信自己一定可以做到，我们才能真正进步。

读书启发

人是需要激励的，不仅需要别人的激励，还需要自我激励，别人的激励能产生动力，而自我激励能产生意志。尤其当我们遇到挫折，比如考试成绩不理想、比赛失利时，更要乐观、相信自己、激励自己，然后才能坚持不懈，奋发向上。